ナンバー1
キャバ嬢
ピカイチ
介護士
になる

村上知美

径書房

はじめに

「はじめまして。介護士の村上知美です。よろしくお願いします」

初めて会うご家族にそう言ってご挨拶すると、高確率で怪訝《けげん》そうな顔をされます。

その顔には、「えっ、この人!? この人にまかせて大丈夫なの?」という不安がありありと……。

無理もありません。私は、介護士として働き始める前は、いわゆる夜の仕事、キャバクラで働くキャバ嬢だったからです。

キャバクラをやめて、介護の専門学校に入学して介護福祉士となり、それからもう15年以上、介護士として働いているのですが、見た目は、相変わらずちょっと派手。多くの人が介護士という職業から思い浮かべるイメージと、私はたぶん、かなり違っているのでしょう。

キャバクラで働きだしたのは、短大を中退した18歳のころでした。お店のなかは、いつも明るくて華やか。私はそこで、毎晩、楽しく働いていたのです。そのころは親も若く、祖父母もまだ元気だったので、介護のことなど考えたこともなく、介護の仕事には、これっぽっちも興味はありませんでした。

それなのに、姉に無理やり連れていかれて「介護福祉専門学校」で学ぶことになり、そこで自分でも意外だったのですが介護の仕事に興味をもち、22歳で介護福祉士になり、いまでは、介護の仕事が大好きで、自分の天職だとすら思っています。

介護の仕事をしていると、

「大変でしょう」

「よくできるね。私（俺）には絶対できないわ〜」

「偉いね」

「優しいね」

などと、よく言われます。

私がこの本を書こうと思った理由の一つは、周囲の人たちが口にする、そのような言葉にずっと違和感をもっていたことでした。

私は、偉いわけでも、飛び抜けて優しいわけでもありません。

夜の世界で働いていたころは、楽しいことや遊ぶことが大好きで、毎日がおもしろおかしく過ぎていけばそれだけでいいと思っている、元気が取り柄のキャバ嬢だったのです。

本を書こうと思ったもう一つの理由は、「介護って楽しい。介護職は本当に素晴らしい仕事」と、多くの人に伝えたかったからです。

日本は超高齢社会。これからますますその状況は深刻になっていきます。介護の仕事はなくてはならない仕事なのです。若い人のなかには「自分には関係ない」と思っている人もいるでしょうが、そう遠くないうちに、祖父母や親の介護について、真剣に考えなければならない日がやってくるでしょう。老いからは、誰も逃《のが》れられないからです。

それなのに、介護職や介護に対するイメージは、決していいものではありません。

介護職は、いわゆる3K「きつい・汚い・危険」な仕事だと思われがちなのです。確かに、きついこともある。多くの人が「汚い」と言って、いやがる仕事をすることもある。危険を感じることもあります。だけど、それだけではないことを知ってほしいのです。

介護の仕事は、やりがいがあって、日々関わっているお年寄りがこんなにも愛《いと》おしくて、一日一日がこんなにも大切に思えて、信頼される喜びや、確かな達成感まで得られる、素晴らしい仕事なのです。

世間に広がっているイメージを変えるなんて大それたことはできなくても、一人でも介護を身近に感じてくれる方が増えてくれればうれしい。

万年、人員不足の介護業界に、一人でも多くの方が興味をもってくれたら、もっとうれしい。

介護という仕事のおもしろさや楽しさが、この本を通じて少しでも伝わればと願っています。

※本書でご紹介するご高齢者は、すべて仮名です。

CONTENTS 目次

キャバクラで働いていたころの私。

第1章

自由気ままに育ち、渋谷系ギャルになりました

真面目すぎる姉と、自由すぎる妹

　まずはキャバクラで働いていた私が、どうして介護という仕事に就いたのかについてお話ししていきます。ですが、それをお話しするためには、どうしても、幼いころの私と、私の姉のことをお話ししなければなりません。ちょっと遠回りになりますが、どうぞお付き合いください。

　私が生まれたのは1982年。東京郊外の団地で、お調子者の父と、かわいくて天然の母、2つ年上で「超」がつくほどのしっかり者で真面目な姉のマコ、姉とは正反対で、これまた「超」がつくほど自由人の私の、4人家族で暮らしていました。

　姉のマコはかなりの人見知りでしたが、私は人見知りなどしたことがなく、物心つく前から、まわりにはいつも姉だけでなく、団地に住んでいるお姉ちゃん、お兄ちゃん、そのほか大勢の友だちがいました。

　どこに行っても一番年下だった私は、甘え方や頼り方、怒られたときのごまかし方まで、いつの間か自然と身につけていたのだと思います。そのせいか、姉以外の人はみな、かわいがってくれたし、あれやこれやと世話を焼いてくれたので、私はいつも甘やかされてわがままいっぱい、自由気ままに育っていました。

　姉が例外だったのは、幼いころ、私たちはあまり仲のよい姉妹ではなかったからです。いまになって思えば、姉はきっと私の性分を見抜いていたのでしょう。

姉と喧嘩をしたとき、自分が悪くても、いつも決まって先に泣くのは私。「お姉ちゃんにやられた」と言って母にすがりつき、ウソ泣きをするのです。母がそれを信じると「しめしめ」と思っているような子どもでした。

喧嘩の原因が私にあるとばれても、私は、はぐらかしたり、言い逃れをしたりするのが得意だったので、さほど怒られずに済んでしまいます。けれども姉は、「お姉ちゃんなんだから、トモちゃんをいじめないで」と言われて我慢することが多く、拳《こぶし》を握りしめて静かに一人で泣いているような子どもでした。

そんな私への仕返しのようなところがあったのか、母が外出しているとき喧嘩になると、私は、姉から罵られるわ、殴られるわ、蹴られるわで、やられっぱなし。

そのせいで私は、「お姉ちゃんなんて、いなくなればいい」と本気で思い、喧嘩をした日の夜などは、真剣に「頼むからいなくなってくれ」と、神様にお願いしたりしていました。お世辞にも、仲のよい姉妹とは言えなかったのです。

この原稿を書くために幼いころの記憶をたどっていて、ほかの子どもたちとの楽しい思い出はたくさんあるのに、姉と一緒に遊んで楽しかったという思い出がほとんどないことに気がつきました。

姉にとって私は、どんな存在だったのだろう。生意気でお調子者で、ちゃっかりしている2歳下の妹。不器用で真面目で責任感のある姉とは、まるで正反対の性格です。

そう思って考えてみたら、あのころの姉の言動は、すべて納得できることばかりでした。

いじめに本気で怒ってくれた姉

姉に対する気持ちが変わったのは、小学校に入ってからです。

そのころはまだ、いじめはそれほど多くなかったのですが、それでも、クラスのなかでの無視や悪口、仲間はずれは、いつも普通に行われていました。

仲間はずれが、いつ、なにが原因で始まるのかは、たぶんみんな、わかっていなかったのだと思います。それでも突然、クラスのなかで、誰かが仲間はずれにされるのです。

一度、仲間はずれが始まると、数日で終わることもありますが、たいていは何週間か続きます。ある日を境に、クラスメイトのほとんどが、まったく口をきいてくれなくなるのです。それでも、なんでもないふりをしていないと、仲間はずれが長引くので、黙って耐えているしかありません。すごくつらかったけど、いつかは終わるとわかっていたから、「今日は終わるかな」「明日には終わるかな」と思いながら、登下校時も給食の時間も休み時間も、ひたすら耐えているだけ。それが暗黙のルールだったのです。

私の番が終わると、今度はほかの子が仲間はずれになって、私も同じようにその子と口をきかないようにしていたので、いまになってみれば私も悪かったのですが、そのころは、仲間はずれの順番が回ってくると、学校に行くのがイヤでイヤでたまりませんでした。

それでも、親には言えません。自分の子どもが仲間はずれにされているなんて知ったら絶対に悲しむと思ったし、それ以上に、自分が無視されたり仲間はずれにされたりしていることが、恥ずかしかったのです。

仲間はずれにされていたある日のこと、学校からの帰り道、一人でとぼとぼ歩いてやっと自宅に帰りついたと思ったら、姉が、玄関のドアの前で仁王立ちして私を睨みつけていました。

私、なにかやらかしたかな？ この前、勝手にお姉ちゃんの物を使ったのがばれたのかな？ などと考えながら姉を見ると、姉が、怖い顔をして「トモちゃん、いじめられているの？」と聞くのです。

2歳上の姉とは同じ小学校だったので、どこかで仲間はずれになっている私を見たのか、誰かから聞いたのかもしれません。

いきなりで驚いたけれど、仲間はずれにされていることが知られて恥ずかしかった私は、「いじめられているわけではない。仲間はずれなんていつもあることで、いまは仲間はずれの順番が私だけど、次はほかの人になる」と、たいしたことではないというふりをして返事をしました。

すると姉はカンカンに怒って「なんだそれ？ おかしいよ!! いまは、トモちゃんが仲間はずれにされているってことでしょ!? 誰がそんなことを始めたの？ 私、いまから学校に行って先生に言ってくる！」とものすごい剣幕で、学校に向かおうとします。

私は、そんなことをされたら、言いつけたと思われて、なにをされるかわからないと思って、一生懸命に姉を引き止めました。

私が必死になって止めたので、学校に行くのはやめてくれたけど、姉の怒りは収まりません。家に入ってからも、「トモちゃん、今度なにかされたら、すぐ私に言うんだよ。私が守ってあげるからね」と言って怒っていました。

うれしくて、だけどなんだか気恥ずかしくて、姉の顔をまともに見られなかったことを覚えています。

それまで私は、姉のことがきらいだったし、姉もまた、私のことがきらいなんだと思っていました。喧嘩しては、毎日、ひどい言葉でおたがいを罵り合っていたので、姉が私のことを思ってくれているなんて考えもしなかったのです。

私は、この出来事を大人になったいまでも鮮明に覚えていて、このときから、私の姉を見る目が変わっていったように思います。きらいなお姉ちゃんから、頼りになる、すごいお姉ちゃんに。それでも、自由人の私は相変わらずマイペースで、わがまま放題。姉を怒らせてばかりいました。

中学も姉と一緒だったので、私は先生やまわりの大人たちから、いつも姉と比べられていました。姉は成績優秀。スポーツも万能でテニス部の部長。私はといえば、成績はパッとせず、ソフトボール部に籍を置いてはいたものの、サボってばかり。

姉の夢は、看護婦さん。幼いころに入院したのがきっかけで、小学生のころから「看護婦さんになりたい」と言っていて、中学で進路を決めるときは「看護婦になる」と宣言。高校受験のときは寝る間も惜しんで勉強し、難しいといわれていた看護学校に見事、合格。自分の将来を見据え、なりたい自分になるための努力を重ねていました。

「看護婦」は、その後「看護師」と総称されるようになりましたが、このころはまだ「看護婦」と呼ばれていたのです。

立派すぎる姉を横目に見ながら、学校ぎらいの私は、中学を卒業するころになっても進路に悩んでいました。行きたい高校はないし、なりたいものもない。それでも親は「頼むから高校だけは出て」と言います。どうしたらいいか考えるのもイヤになって、「中卒はちょっと格好悪いから、適当な高校に入ろうかな」などと思っていました。

結局、私は、「もう、どこでもいいや」と思いながら、制服がかわいいというだけの理由で某私立高校に進学することにして、担任の先生が推薦状を書いてくれたので受験勉強もせず、どんな学校かもわからないまま、高校合格を手に入れたのでした。

姉は優等生、私は渋谷系ギャル

私が高校に入学したそのころは、空前のギャルブーム。

「高校に入学したら、日焼けサロンに通って真っ黒に焼こう！　髪の毛は何色にしようかな。ネイルもしたいし、ルーズソックスに厚底靴もかわいいな^^」。なんてことを考えて心を躍らせていたのに、下調べもせず、制服のかわいさのみに惹かれて選んだ高校は、やたらと校則の厳しいお嬢様学校でした。

入学してまわりを見回してみると、みんな髪の毛は真っ黒。垢抜けた子はほとんどおらず、当時はまだＰＨＳの時代でしたが、持っていない子が大半。

それでも、高校生になった私がやりたかったことは、遊び一択。中学生のころには行けなかった渋谷や池袋に憧れ、学校が夏休みになると、すぐに髪を金髪にして日焼けサロンに通いつめる日々。真っ黒に日焼けした顔の目元をメイクで白くして、油性の黒のサインペンでアイラインを引きます。油性のサインペンは簡単には落ちないので、そのころ渋谷にいた子はみんな使っていたのです。

これは当時、一世を風靡したギャルファッションで、そのころ渋谷にいた高校生の多くが「顔《がん》グロ」あるいは「やまんばギャル」と呼ばれた、このメイクをしていました。私も、顔グロメイクに「マイクロミニスカート」という、サザエさんに出てくるワカメちゃんのような短いスカートに厚底ブーツを履いて意気揚々、渋谷を闊歩するようになっていました。

いまになってみれば、自分でも「なんて格好をしていたんだ」と思うけれど、そのころ私は、これが最高にかわいいと思っていたのです。

そんな格好とメイクでクラブに踊りに行ったり、遠出して海を見に行ったり。海に行ってお金がなくなれば、ヒッチハイクで帰ってきたりしていました。いまから考えてみれば、ずいぶん危ないことをしたと思いますが、若さゆえか、気が大きくて態度もデカい。「私たちが誰よりも一番!」

と本気で思っていました。まさに肩で風を切って青春を謳歌していたのです。

問題は学校でした。制服で遊ぶと補導されたり学校にバレたりするので、鞄には私服と大量の化粧品。髪をセットするためのコテまで入れて登校する日々。教科書はいつも学校に置きっぱなし。学校に行くときは、さすがにメイクはしていなかったけれど、夏休みが終わっても髪を黒くしたくなかったので、カツラを被って登校。スカートはウエストを折り返して短くしていたし、年中、日焼けしているので顔は真っ黒。登校するたびに、担任や学年主任に追いかけ回されていました。

そのうち、学校に行きたくなくて、親の声色を真似て電話をして、学校をサボるなんてことが日常茶飯事になっていました。

学校をさぼったり早退したりして、渋谷や池袋に毎日、通っている私。看護婦を目指して必死に勉学に励む姉。姉は、看護実習のときは悩みながら、泣きながら通い通し、着々と自分の夢に向かって進んでいました。

同じ親から生まれ、同じ環境で育ったのに本当に不思議。私たち姉妹には、まったく似たところがなかったのです。

「トモちゃんとマコちゃんはぜんぜん違うね」。周囲の人はみんなそう言っていました。

幼いころから比較され続けてきたので慣れっこになっていましたが、あまり気持ちのいいものではありません。面と向かって「マコちゃんはできるのに、どうしてトモちゃんはできないの？」とか「マコちゃんは勉強もスポーツもできるのに……」などと言われると、さすがに堪《こた》えました。

それでも私は、「私は私」と自分に言い聞かせながら、マイペースでのんきに、わが道を進んでいきました。「お姉ちゃんはすごいけど、私には、お姉ちゃんみたいにやりたいこともないから、いまが楽しければそれでいいや」と思っていたのです。

いまは尊敬しているし、なにかあれば相談に乗ってもらったり、長電話をして話を聞き合ったり意見を言い合ったり、時には支え合ったりもしていますが、そんな姉妹になれたのは、私が介護の仕事を志し、就職してからのこと。姉とそんな関係になるまでには、まだまだ紆余曲折、いろいろあったのです。

否定も比較もせずに支えてくれた大好きな母

しょっちゅう姉と比べられながら、それでも私が本当の意味で姉をきらいにならなかったのは、母の存在があったからだと思います。母は、私がどんなに常識はずれなことをしても、私と姉を比較することはなかったのです。

そんな母のもとで育ったからでしょう。そのころはまだちょっと姉とは距離があったけれど、私は家族が大好きでした。特に、母を悲しませることだけは絶対にしたくないと思っていました。

遊びほうけていたし、夜遊びもしていたけれど、親に反抗して家出をしたり、ひねくれたり、ぐれたりすることもなかったのです。まわりには、親に反抗して家出をしているような子もいたけれど、私は親をきらいだと思ったことはないし、親に反抗したかったわけでもないので、帰りが遅くなるときや帰らないときは、必ず母に連絡して「〇〇時に帰るからね」とか「今日は〇〇ちゃんのうちに泊まるから」などと伝えていました。

ところが母は、「ご近所の目があるから、夜中に帰ってくるなら朝に帰ってきて。あっ、でも朝帰りと思われちゃうから昼でもいいよ」と言ったり、約束していた帰宅時間に遅れて、さぞ心配しているだろうと思ったら、ぐっすり寝ていたりして、私のほうが驚かされることもしばしば。翌朝、「心配でぜんぜん眠れなかった」と言う母に、「寝てたじゃん」と突っ込んだりしていました。

「普通の親なら怒るんじゃないの？」と聞くと、「怒ったら早く帰ってくるの？　帰ってこないでしょ？　それなら怒ってもしょうがない」という返事。そのとき「この人には敵《かな》わない」と思いました。

母は、私が心配をかけると「信じられない」「悲しい」などと言って嘆きはするけれど、怒ったり怒鳴ったり、ひどい言葉で私を責めたりはしない人で、たまにちょっと怒ったりしても、ご飯の時間になると必ず「トモちゃんご飯だよ」と呼びに来てくれました。私が「食べたくない！」と返事をすると、「そんなに怒らないで少しは食べてよ。お母さんも、怒って悪かったから」と言ったりするのです。いつまでもダラダラ怒っているようなことは、まったくありませんでした。

それでも、ご近所の目だけはかなり気になったみたいで、「顔グロメイクだけはしないで」と言ったり、「金髪はしょうがないけど、マイクロミニをはいたり、派手な格好をしたりしているときは、ご近所の人に会いそうになったら、ちょっと隠れてくれたほうがいいかな」なんて言ったりしていました。

「わかったよ」と返事をしながらも、私は渋谷ではしっかり顔グロメイク。家の近くで知り合いに会えば、母の言葉も忘れて「こんにちは」と元気に挨拶。母は、「近所の人には知られたくなかったのに、トモミは平気で挨拶しちゃうんだもん」と言って、嘆いていました。

一度、姉が母に腹を立て、夜10時ごろ、家を出ていってしまったことがあるのですが、そのとき母はおろおろして姉を探しに行き、見つけられずに帰ってきたあとも、なにも手につかないほど心配していました。

それ以降、姉が怒ったり、姉と私が大喧嘩をしたりすると、「そんなことだったら、私が出ていきます！」と言って母が家出。行くところなどない母は、コンビニやファミレスで時間を潰していたそうです。

あとで母は、「娘が夜に家を出ていくと、心配でたまらない。それなら自分が出ていったほうがいいから」と言って笑っていました。怒ることはなかったけれど、姉のことも私のことも、人一倍心配してくれていたのです。

父は、仕事が忙しくて家のことは母にまかせっきりでしたが、私にはいつも優しくて大甘。一度、タバコを吸っているのを見つかって殴られたことがありましたが、覚えている限り、父に怒られたのはそのときだけ。私が奇抜な格好をしていても怒ることはありませんでした。もしかしたら、どう対処したらいいかわからなかったのかもしれませんが。

そんなわけで、家のなかで私に腹を立てていたのは姉ひとり。姉はいつも「トモちゃんは本当にどうしようもない。またそんな格好をして。バカじゃないの」と言って怒っていました。

高校3年生になってまだ間もないころ、それまでサボってばかりいたので単位が足りなくなり、もう1日も休めないところまで追い込まれました。

「やめたい」と言う私に、「お願いだから高校だけは出てほしい」と懇願する母。

このときは、母のことを思って補習を受け、ほとんど意地で高校に通い詰めました。無事、卒業できることになったとき、誰よりも喜んでくれたのは母。毎日、遅刻をしないように、早退しないようにと心を配り、気にかけて支えてくれたのも母でした。

気まぐれ短大ライフ、あっけなく終了

高校はなんとか卒業できることになったものの、そうなれば、その後の進路を決めなければなりません。

まわりが大学進学や短大進学と進路を決めていくなかで、行きたい大学も短大もなければ、将来の夢なんて考えたこともない私が望んでいたことは、高校だけは卒業するけど、そのあとは、ただ

気の合う友だちと一緒に遊んでいたいということだけ。

居酒屋でアルバイトをして手にしたお金で、毎日、遊びに出かけ、なにをするわけでもなく、ただただ時間を気にせず騒いだり、おもしろおかしく、おしゃべりをしたり。いまはそれが一番楽しい。このままずっと遊んで暮らせる道はないかと真剣に考えたりしましたが、そんな道などあるはずがありません。

フリーターでもいいかと思ったけれど、真剣に進路を考えている友だちを見ながら「短大くらいは出ておいたほうがいいのかな」と思い直しました。

「短大や大学は代返できるって聞いたし、まぁ、行ってもいいか」

またそんな安易な気持ちで、短大に進むことにしたのです。

やりたいことも目標もない私が、なんとなく選んだ短大。夢見ていた代返なんてものは通用せず、授業に興味などもてるはずもなく、1週間もすると、短大に行っても授業を受けずに、ラウンジで友だちと話しているだけになってしまいました。

それにもあきると学校には行かず、化粧をして渋谷にくり出す日々。「たまには出てやるか」と思って授業に出ても、それまでぜんぜん出ていないので、なにも理解できません。もともと、わずかしかなかった短大への興味や意欲は、すぐになくなってしまいました。

学校で勉強するより、学校の友だちと遊ぶより、街で知り合った友だちと遊ぶほうが、ずっとずっと楽しかったのです。街にいると、それまで会うこともなかったような人と出会い、すぐ友だちになれます。友だちの輪が、どんどん広がっていくのです。それがとても刺激的でおもしろかったのです。

当時、問題になった援助交際をしているような子もいたし、マリファナや薬をやっているような子もいましたが、私は、そういう子たちとは友だちにはなりませんでした。その子たちには、その子たちなりの事情があったのでしょうが、見ていると、そういう子たちはなんとなく人間関係が上辺だけで、どこか薄っぺら。友だちを大事にしていないようにも見えて、好きになれませんでした。

格好はかなり奇抜だったかもしれないけれど、私や私の友だちは、ただただ楽しかったから一緒に遊んでいただけ。他愛ないおしゃべりをしたり、プリクラを撮ったり、クラブに踊りに行ったり。悪いことはしたくない、葉っぱも薬もやりたくないと思っている、健全な遊び人だったのです。

いまになって思えば、私はそのころ、楽しいことをしていたいという気持ちだけで進んでいたように思います。将来のことなどまったく考えてなくて、ずっと遊んでいられる、ずっと楽しいことばかりしていられる、そんな時間が永遠に続くと、バカみたいですが、本気でそう思っていました。

当時は付き合っていた彼氏もいて、いずれは結婚するつもりで親にも紹介していたし、学校なんて出ても出なくてもどっちでもいいと思っていたのです。もっとずっとあとになって、介護の仕事を続けたいという理由で、その彼とは別れてしまったのですが、そんなことになるとは夢にも思ってもいなかった私は、単位も足りなくなって、結局、5か月ほど在籍しただけで短大を中退すると決めました。

母は唖然としていました。入学金はもちろん、前期の授業料だけでなく、後期の授業料も支払ったあとだったので、余計につらかったのでしょう。

「学校をやめてなにをするの？　なにもしないわけにいかないでしょう？」

両親にそう聞かれると、「バイトでもするよ」と返し、短大を勝手にやめると決めたことはさすがにバツが悪かったので、なにを聞かれても、なにを言われても、親の顔を見ないようにして、その場をやり過ごしていました。

それでも「学校はやめる」とかたくなに言い続けたので、母はとうとうあきらめ、そんな私を悲しみながらも受け入れてくれました。

母はいまでも、「トモちゃんは自由に育てすぎた」とよく言いますが、自分でもそのとおりだと思います。年齢を重ねたいま、あのころの自分を振り返り、親の気持ちを考えると本当に申し訳なく、当時の自分をぶん殴ってやりたいような気持ちになります。

親にしてみれば、思うことはたくさんあったはずです。親としての理想や、こんなふうに育ってほしいという願いもあったでしょう。それなのに、まったく理想とかけ離れ、つねに親の思いに従わない私。たくさん落胆しただろうに、いつも優しく、最後にはいつも許してくれました。

一般的に、どんな親がいい親なのかはわからないけれど、私の両親は、私にとっては、いつも本当に素晴らしい両親でした。

とはいえ、私の親不孝物語はまだまだ続きがあるのです。

第2章

ナンバー1キャバ嬢になる

キャバクラデビューと、夜の世界の仕事論

短大を中退して、たくさんあるバイトのなかから私が選んだのは、夜の仕事でした。当時はいまよりずっとキャバクラが流行っていて、若い子がキャバクラで働くことは、少しも珍しいことではなかったのです。

「仕事は楽だし、働く時間も短いし、時給もいいし、日払いだし。なんて効率がいいんだ♪」

なにより遊びを優先させたかった私は、それだけの理由で夜の仕事を選びました。もちろん親には内緒。親は、私が居酒屋でバイトをしていると思い込んでいました。

いつもどおり、なにも考えず、なにも知らないまま、キャバクラで働き始めた私が最初に担当したのは「ヘルプ」という仕事でした。お客さんから指名された女の子が忙しいとき、その子が席に着くまで、お客さんの相手をする仕事です。

「ようするに場つなぎだな」と思った私は、お客さんの話を適当に聞き流し、聞かれたことにも適当に答えて、指名された女の子が来るまで、何度も時計を見ながら「早く終わらないかなあ」と、それればかり考えていました。1日分の日当をもらうと、すぐに友だちと遊びに行く毎日。

仕事に対して、楽しさもおもしろさもまったく感じていませんでした。ただ、時給がいいから、日払いの日当が欲しいから働いていただけ。指名をもらわなければとか、仕事をがんばろうとか、そんなことはまったく考えていませんでした。

お店が空いていれば「今日はなんていい日なんだ♪」とご機嫌で、指名のない子が控えている待機席でくつろぎ、仲のいい女の子とおしゃべりをしたり、時には従業員の目を盗んで寝たりしていました。

お店の人から、「名刺を配れ」とか「指名を取れ」とか言われても、お客さんに好かれたいとも、指名されたいとも思っていなかった私は、「うるさいな〜」と思いながら空返事。いつものように「早く終わる時間にならないかなぁ」と考えながら適当に接客するばかり。

それでも、小さいころから年上の人と話すのが得意で、物怖《ものお》じしない私は、次第に店の先輩のお姉さんや、常連のお客さんたちと仲良くなっていきました。

そんなふうにして過ごしていたある日のこと、日焼けをしに海に行って遊んだ帰り、お金がなくなったので、体には塩がついたまま、髪の毛も潮焼けしてバサバサだったけれど、そのまま出勤することにしました。

お客さんとも仲良くなっていたので、「まぁ、いいか。今日は疲れたし、メイクするのも面倒だ」と思い、着替えだけして、すっぴんでお店に出てしまったのです。

それまでは、「キャバクラ嬢としてはやる気がないけど、愛想はいいしお客さんを選ばないから」と、あきらめ半分でかわいがってくれていた店長に、このときばかりは叱られました。

「お客さんは、お金を払って飲みに来ているんだぞ。それなのに、メイクもしていない汚い子と飲みたいと思うか？　お前は本当にこの仕事をなめているな」と言われたのです。

そこで初めて、キャバクラというものについて考えてみました。

そのころは、物珍しさからか、孫や子どもをかわいがるような気持ちだったのか、指名してくれるお客さんが数名いたのですが、その人たちがお会計をするとき、それまでは気にも留めずにいたやり取りに耳を澄ませてみました。

すると、数時間飲んで話をしていただけなのに、お客さんは、少ない人で2~3万、多い人だと10万を超えるほどの支払いをしていたのです。びっくりすると同時に、「そうか。店長の言っていることは正しい」と、妙に納得してしまいました。

仕事そのものにはやっぱり興味がもてなかったけれど、その日から、私のなかでなにかが変わりました。「お店に出るときは、ちゃんとした格好をしよう。メイクもちゃんとして、お客さんの話には耳を傾けよう」。そんな当たり前のことをするようになったのです。

すると、最初に指名した女の子以外に、お店のなかで別の女の子を指名する「場内指名」が入ったり、新規のお客さんに名刺を配ると、それが指名につながったりするようになってきました。「やったらやった分だけ稼げるんだ。なんか、おもしろい」と思ったら、私のなかにも、なんとなく、やる気みたいなものが芽生えてきました。

ナンバー1キャバ嬢と運命の出会い

そんなある日、たまたま開店前に出勤してメイクを済ませ、ドレスに着替えようとしていたら、ドレスの後ろのリボンがどうしても結べない。誰かに頼みたいけれど、まだ女の子はいないし、あとは男性のスタッフだけ。どうしようかと思っていると、更衣室に1人の女の子が入ってきました。「見たことないな、新しいキャストさん（キャバクラ嬢のこと）かな？」と思いながら、「すみません。リボンを結んでもらってもいいですか」と話しかけると、その子は、にっこり笑いながら結んでくれて「はい、できたよ」と言ってくれました。

会話はそれで終わったのですが、「すごくかわいい人だな、きっと人気が出るだろうな」と思いながらお店に出て、いつものようにお客さんと話していたら、やがてショーが始まる時間になりました。

そのころ私が働いていたお店には、60人ほどの女の子が在籍していたのですが、ショーメンバーに選ばれるのは、そのなかの7人から10人ほど。その子たちは、一日のうちに2回、決まった時間に舞台に出て、いろいろな踊りを披露するのです。

私はこのショータイムが楽しみだったので、お客さんと一緒にショーを観ていたら、リボンを結んでくれたさっきの女の子が踊っていることに気がつきました。

「あの人、ショーメンバーなんだ！　新人さんじゃなかったんだ！」と驚きながら観ていると、メンバー紹介のとき、その彼女が一番最後に名前を呼ばれたのです。

ショーでは、売上が少ない人から紹介され、最後に紹介されるのは、その月の売上ナンバー1の人なのです。「すごいなあ、どういう人なんだろう」と思いながら、彼女の笑顔を見つめていました。

あとでお店の人に聞いたら、彼女の名前は望《のぞみ》で、みんなからは「ノン」と呼ばれていること。ほかの店でも少し働いてみたいと言って、しばらく他店に行っていたのだけれど、私が出会ったその日、この店に戻ってきたこと。行っていた他店でも、この店でもつねにナンバー1だったことなどを教えてくれました。

そこからどうやって仲良くなったのかは覚えていないのですが、ノンと私は、どんどん仲良くなっていきました。ノンの背中を見ながら覚えたり考えたりすることで、キャバクラでの仕事もどんどん楽しくなっていったのです。

キャバクラの仕事を始めて1年ほど経ったころです。ノンが突然「私、お店を移ろうと思う」と言いだしました。私が、キャバ嬢という仕事のおもしろさと同時に、難しさも感じ始めていたころでした。お客さんとのやり取りで困ったり、苦手なお客さんとの時間を苦痛に思ったりすることが増えてきていたのです。

「ノンがいなくなると、つまらなくなるなぁ。これを期に、もう夜の仕事はやめよう！　やりたいことはなにもないけど、いままでもそうだったし、きっとなんとかなる！」

謎の自信をもって、やめることにしました。

私がやめる日、つまりノンがいなくなる日が近づいてきたある日、ノンが新しいお店に打ち合わせに行くというので、暇だった私は付いていきました。

ノンが新しいお店の店長と話しているのを横で聞いていたのですが、ふいに「それで、いつから来られるの？」と、店長が笑顔で私に聞いてきました。

「え？　私は、付き添いで来ただけです」と答えると、「ここで一緒に働いてみれば？　ノンちゃんも喜ぶよ」と言うのです。驚いてノンを見ると、ノンは、ニヤリと笑って「サラ（私の夜の名前）も一緒に働こうよ」と言います。

やめるつもりでいた店より遥かに高い時給を提示され、なんだか断れない雰囲気でもあったので、またまた深く考えることもなく、「じゃあ、ノンがこのお店に慣れるまで……」と返事をしてしまいました。

そうやって移った新しい店は、それまでの店と違って売上重視。厳しいノルマもありました。ノンの友だちということで、私はあまり厳しいことを言われなかったのですが、いままでより時給が高かったので、給料日にはお金がたくさんもらえました。

仕事のやり方や環境の違いに驚きながらも、「いままでより高いお給料をもらっているんだから、がんばらなくちゃ」と思うようになったからか、少しずつだけど指名をしてくれるお客さんが増えてきて、売上の順位も上がってきました。そうなると仕事が楽しくなってきます。

新規のお客さんが来店すると、この人はどんな人だろうと考えながら接客し、そのお客さんの好きそうな話題を探す。来たことのあるお客さんなら、忘れていないことを伝えるため、意識的に前に来店したときのことを話す。お客さんの好きなお酒を覚えたり、吸っているタバコの銘柄を覚え

キャバクラ時代のノン（右）と私。ショーが始まる前の楽屋で。

たり。そんな接客のコツも少しずつ覚えて、次に来店したときは指名につながるようにと、がんばりました。

それまで、これほど真剣にお客さんと向き合ったことはなかったのですが、自分なりにがんばって接客し、それが指名につながるとすごくうれしくなります。仕事の奥深さやおもしろさもわかってきました。

なにも考えず、ただ接客しているだけでは指名につながらない。そんな当たり前のことに、このころになって、ようやく気づけるようになったのです。

ナンバー1の秘訣？ ショー出演までの道

指名してくれるお客さんが少しずつ増えてきて、お客さんと夕食を食べ、そのあと、そのお客さんと店に入る「同伴」もするようにもなったので、入店して数か月後には、毎日、指名されるようになっていました。

そんなころ、店長に呼ばれました。「ショーに出てみない？」。店長の言葉に驚く私の横で、ノンがニコニコ笑っています。

新しい店もショーのある店で、前の店と同じように売上に応じて順位がつけられ、それによって出番や、舞台での立ち位置、メンバー紹介の順番も変わっていきます。観るのは好きだったけど、それまで、自分が踊る側になるとは考えてもいませんでした。そのうえ、ショーメンバーはお店の顔でもあるので、指名が取れなければ叱られたりもするのです。

悩んでいると、またノンがニヤリと笑って「出てみなよ。私、サラが踊っているところ観たいよ！」と言います。ノンに背中を押されて、やってみようか、という気持ちになっていました。

ショーで踊るのは、アイドルグループの女の子や、宝塚のレビューでの踊りと似たような踊り。ヒップホップやキュートミュージック、セクシーと呼ばれる、ちょっとエロチックな踊りもありましたが、不健全な感じはまったくありません。音楽に合わせて明るく楽しく踊って、お店のなかを盛り上げるのです。

ショーに出るようになると、踊ることが楽しくなってきて、もっと上手になりたいと思うようになりました。「私たちはお店の顔なんだからがんばらないと」と、いままでより、もっと指名を取りたいとも思うようにもなってきました。

だけど、指名って、これ以上どうしたら増えるのかな？

私は、ノンの接客の様子を注意深く見ることにしました。

ノンはすごくかわいくてきれいなのですが、新しいお店にも女の子が60人ぐらいいて、ノンよりかわいい人もきれいな人もいるのです。それでもノンは、私が知り合ってからずっと、前の店でも新しい店でも、つねにナンバー1でした。

「ほかの人の接客と、どこが違うんだろう。一番近くにいたのに、いままであまり見てこなかったな」と思いながらノンを見ていて、気づいたことがありました。

彼女は、一人ひとりのお客さんを思いやり、気を遣い、心を込めて接客していたのです。お客さんの懐事情や飲むペースに合わせて、決して無理はさせません。そのうえ、彼女を指名するお客さんには、彼女に呼ばれたから来たという人はいませんでした。来たいときに来て、帰りたくなったら帰るというお客さんばかりなのです。ここでも彼女は、お客さんのペースを大事にして、無理をいって来店させるようなことはしていなかったのです。席についているときも、ただ隣に座ってお酒を飲んでいるだけではなく、お客さんのことをしっかり理解して受け止め、一緒に楽しんでいました。

ショーのメンバーは、ショータイムの時間になると舞台に上がらなければなりません。1回のショーで30分ほど席を離れるので、そのあいだは接客ができません。そのうえ、30分休みなく踊るので、ショーメンバーはショーが終わると汗だくです。控室で化粧を直したり休憩したりするので、ホールに戻って接客するまでにも時間がかかってしまいます。

けれどもノンは、汗を拭いたら休憩もせず、すぐにホールに出て接客をしていました。誰よりも指名を取っているので、ショーでは中心に立って、誰よりも長時間踊っているのです。それなのに、真っ先にホールに出てきて、すぐに働くのです。

「ノンは、なんでショーが終わったらすぐに出てくるの？　休憩も化粧直しもほとんどしないよね」と、一度聞いたことがあります。

「ショーのあいだは接客できないから、終わったらすぐに帰ってしまう人もいるし、ショーが苦手で観たくないという人もいる。だから、できるだけ早く席についてあげたいの」

ノンの言葉を聞きながら、そんなことまで考えて働いているのか、なんてすごい人なんだと、驚いてしまいました。

だけど、見ている人は見ているのです。年配の、昔からの常連というお客さんが、こんなことを言っていました。

「俺はね、ナンバー1は指名しないことにしているんだよ。お客さんも多いし、ショーにも出るから、席についてくれる時間が短いだろ。でも彼女は違う。呼びたくなる子だよね」

そのお客さんは、ほかの女の子を指名していましたが、場内指名で必ずノンを呼んでいたし、なじみの指名の子が休みのときは、ノンを指名してお店に来たりもしていました。

「なんで？」と聞くと、「あの子はショーが終わったら真っ先に出てきて、すぐに接客しているだろ。お店のなかにいる、いろいろなお客さんの様子も見ていて、黒服（お店のマネジャーで、女の子をどの席につけるかの采配なども行っている男性）に、『あのお客さん、つまらなそうにしているから、ほかの女の子を回してあげて』とか伝えて、自分から動いたりする。どのお客さんのことも大事にしているよね」と言うのです。

なるほど。最初は、ただお金に惹かれて始めたキャバクラの仕事だったけど、知れば知るほど奥深い。仕事がどんどんおもしろくなってきて、将来のことを考えることもなくなりました。

ショーのレッスンは昼間、振付の先生が来て行われます。レッスンが終了したら数時間後には営業。夜中まで営業して、次の日もまたレッスン。忙しいけれど、踊っていれば楽しくて、もっと上手に踊りたくなって、そのためにレッスンも営業もがんばるという気持ちになっていました。

お客さんに対しても、気遣いを忘れず思いやりをもって接するようになったので、信頼関係が生まれ、指名もどんどん取れるようになっていました。仕事を始めたときの私からは考えられないほど、一生懸命に仕事をするようになったのです。

ついにナンバー1へ！　そこで見た光と影

そんな日々が2年近く続いたあと、ノンが店をやめることになりました。彼女なりに将来のことを考えた末の結論だったので、引き留めることはできませんでした。

彼女が店をやめることがわかると、ノンに会いたいというお客さんが次々と来店し、お店はいつも満席状態。ノンは、最後の最後まで心をつくした接客をして、みんなから愛され、惜しまれながら店をやめていきました。

ずっと一緒にやってきたからさみしかったけれど、お店をやめたらあれもしたい、これもしたいと話す彼女はとても楽しそう。そんなノンを見ながら、「いつかは私にもこんなときが来るのかな？　私も、やめるときにはノンみたいにみんなに惜しまれてやめられたらいいな」なんて、ぼんやりと考えました。

ノンがいなくなったので、彼女のお客さんから指名をいただいたりするようにもなり、私はとうとうナンバー1になりました。

私がナンバー1になれたのは、ノンから学んだ「心を込めて接客すること」を心がけていたことが一番の理由だと思いますが、それ以外では、素《す》のままの自分でいたことが大きかったと思います。キャバ嬢のなかには、色気を振りまいたり恋人を装ったりする「色恋営業」と呼ばれる接客方法でお客さんを呼ぶ人もいます。だけど、女を武器にすると疲れるし、私には武器にできるほどの女子力もなかったので、ありのまま。もしかしたら、そういう飾らないところがよかったのかもしれません。


ナンバー1になって、しばらくして気がついたことがありました。私がナンバー1になったことで、私が入店したときは私よりも上の順位だった先輩たちが、私より下の順位になっていたのです。私を指名してくれるお客さんが来ると、かつては私より順位が高かった先輩が、私のヘルプに入ってくれることも増えていました。

「このまま、この仕事を続けていれば、何年か後、きっと私もナンバー1から滑り落ちて、この先輩たちのようになるんだな。若さはいつまでも続かないんだな……」

そう考えたら、この仕事はずっと続けられる仕事ではないと実感し、自分の将来を考えるようになっていました。

前にお話ししたように、それまで私は、ずっと若いままでいられるような気がしていたのです。チヤホヤされて、かわいがられて、そんな時間がずっと続くと本気で思っていました。

「いままでなにも考えず、楽しいことだけを追いかけてやってきたけど、本当にこのままでいいのかな？　若さって終わるんだ。この時間は永遠には続かない。この仕事も、いつかやめなければならない。将来のことを、考えなきゃいけない。だけど、将来なんてわからない。なにをしたいかなんて、もっとわからない。それでも、この仕事をやめるなら、一番いい状態のときにやめたいな」

そんなことを、ぼんやり思うようになっていたのです。

キャバクラで働き始めた当初から、後ろめたい気持ちはまったくなかったけれど、夜の仕事が世間でどう評価されているかは、なんとなくわかっていたので、家族にはずっと、「居酒屋で働いている」と話していました。お店の寮に泊まったり、結婚するつもりでいた彼氏の部屋に泊まったりして、家にはあまり帰らなかったので、バレないと思っていたのです。

ところがある日、母から突然の電話。

「トモちゃん、写真見ました。すぐに帰っていらっしゃい」

どうしたのかと思ったら、私の部屋を掃除してくれていた母が、血糊のついたシャツをはおり、その下にはスパンコールのついたピンクのブラにＴバックという、露出度の高い衣装で踊る私の写真を見つけてしまったのです。よほどショックだったのか、母はすぐに電話をかけてきたのでした。

仕方なく、キャバクラに勤めていると告白すると、母は心配で、いてもたってもいられない様子。そんな母を見て、それほど心配するならと思い、母をお店に呼んで、実際にショーを観てもらうことにしました。

確かに露出度の高い衣装を着ていたけれど、ショーそのものは健全で健康的なもの。お店に来て、実際にショーを観てもらったら安心すると思ったのです。キャバ嬢という仕事を続けることを賛成してくれるはずはないけれど、理解してほしい、できれば応援してほしいとも思っていました。

母はいやがっていましたが、私がしつこく頼んだので、姉と一緒にお店に来てくれました。母と姉は、お店の椅子に座って店長に挨拶されたりしながら、ちょっとお酒を飲んでショーを見学。お勘定は、いつも私を指名してくれるお客さんが払ってくれました。

そのころは、両親に申し訳ないという気持ちより、自分のしたいことをすることのほうが大切だったので、「私の人生、何をしても私の勝手でしょ」なんて言って、キャバクラをやめてほしいと言う両親を言い負かしていました。

申し訳ないという気持ちがなかったわけではないけれど、自分がしたいことをするのを制約されたくはなかったのです。だから、親の気持ちは理解できたけれど、聞こえないふりをし通していました。

結局、仕方ないと思ったのか、父も母も反対しながらも、いつしか見守ってくれるようになっていました。いま考えると、どこまでもわがままで親不孝な娘で、泣けてきます。

第3章

えーっ、私が受験するの？

姉、キャバ嬢の妹に介護士資格を勧める

いつかはキャバクラをやめなければならない、やめるという選択肢もあると思うようになった私は、急にやめたあとのことを考えるようになりました。

やめるのはいいけれど、やりたいことはやっぱり見つからない。この先どうしたらいいんだろう。若さが長く続くわけではないことはわかった。だけど私は、いつかいつかと、決断を先延ばしにしていました。いくら考えても、将来の自分の姿がまったく思い描けなかったからです。

そんなとき、なぜかふと、姉の存在が浮かんできました。姉は、小さいころから自分のやりたいことが決まっていて、それに向かってまっすぐ進んできた人です。そのころには、子どものときのような喧嘩もなくなって、家を出て自立していた姉との距離は、以前より近くなっていました。なんとなく、姉なら、なにかいいアドバイスをくれるのではないかと思ったのです。

電話で、キャバクラをやめようかと思っていると伝えると、姉は驚きながらも喜んでくれました。

「そうかそうか、やっとやめる気になったのか。それなら、なにかやりたいことを探して、学校に行って資格を取りなさい。資格は裏切らないからね」

そう言う姉に、あわてて「いや、いますぐではないんだよ。まだこの仕事をやめるつもりもないし、いつか、の話だよ」と返したのは、急に将来のことが現実味を帯びて襲ってきたように感じたからでした

そのころは、いいお給料が安定してもらえていました。「誕生日イベント月間」には、お客さんがたくさん来店してお祝いしてくれ、2週間で100万を楽に超えるお給料をもらっていたのです。

六本木や新宿の高級キャバクラなら、もっとたくさんもらっている女の子もいると思いますが、私が働いていたのは、いわゆる下町と呼ばれる地域。最初は実家から近いからという理由で決めたのですが、私は下町の雰囲気も、下町の人たちの人柄も大好きになっていました。

実は、新宿のキャバクラに、時給に惹かれて体験入店してみたことがあるのですが、新宿のお客さんは若い人が多く、なんとなく肌に合いませんでした。下町のお客さんは中高年の方が多かったのです。お給料はそれなりでしたが、それでも私にしてみれば大金でした。

といっても、いつしかそれに慣れて、生活は、入ってくるお金に合わせてかなり豊かになっていました。お金のことなどまったく気にせず、好きなものを買ったり食べたりしていたのです。お客さんは呼ばなくても来てくれるようになっていたし、ナンバー1になって指名数も安定していたし、日々の生活にはなんの不満もありませんでした。だから、いつかは、と思いながらも、すぐに仕事をやめるつもりなどなかったのです。

将来への不安な気持ちを吐き出したことですっきりした私は、「そんな悠長なことを言っていると、すぐに年を取るよ。資格のこと、できるだけ早く考えてみなよ」という姉の言葉や助言を軽くあしらって電話を切りました。

それでもどこかで、「資格かぁ、考えたこともなかったなぁ。どんな資格があるかも知らないし……。だけど、それもいいかなぁ。資格さえ取れば、働き口には困らないだろうし、食いっぱぐれがないなら、それもいいかも」なんて思っていました。

まったく現実味のない私に引き換え、姉はたぶん「このときを逃してはいけない！」と思ったのでしょう。夜の世界に対してはまだまだ偏見もあるし、ずっと働ける仕事でないことは姉もわかっていて、危惧してくれていたのだと思います。

数日後、姉から電話があって、突然、「看護がいいか、介護がいいか」の選択を迫られることになりました。なんでこの二択だったのかはわかりません。でも、この二択でした。

姉が自宅にいたころ、姉が仕事について話すのを聞いていたことがあります。待望の看護師の仕事に迷うことなく就き、病院で働いていた姉から聞く看護の現場は壮絶でした。

人になにかを話そうと思うと、楽しいことや、いいことよりも、つらい思いやイヤな思いをしたことのほうが多くなってしまうからかもしれませんが、姉の話は愚痴っぽいことが多く、「看護師としてふがいなさや無力さを感じている」というようなことがほとんどでした。そのせいか私は、姉はいったいなにが楽しくて働いているのだろうと思っていたのです。

それでも、せっかく姉が勧めてくれるので「介護と看護の違いってなに？」と聞いてみました。

すると、やることがそもそも異なっていて、「看護師は、医師の指示のもと、病気を治すために患者さんと向き合うのが仕事だけれど、介護は、自立して生活することが困難になった方の生活を支える仕事だよ」とのこと。さらに看護では、病気を治すために必要であれば拘束《こうそく》をすることもあるなどと教えてくれました。

「拘束？　人を縛りつけるってこと？」

「うん、治療に必要なら、ベッドや車椅子に縛りつけることも、ミトンをはめて手を動かせないようにしたり、睡眠薬を飲んでもらったりすることもあるよ。かわいそうだし悲しいけど、治療のためなら仕方ないからね。病院は医療の場だから」

看護師はそんなことまですると、このとき初めて知りました。そんな場面、きっと私は見ていられない。そんな場面を見ながら仕事をする自信は、ぜんぜんない。

キャバクラには負けるけど、看護師のお給料は悪くない。だけど拘束したりするのはいやだし、見るのもいやだ。血を見るのも怖くていや。お給料のことを除けば、看護師の仕事に惹かれる部分はほとんどないというのが私の正直な感想でした。

それで、「どちらかといえば介護かな。介護のほうが興味ある」と答えました。

ちょうどそのころ、祖母が老人保健施設に入所していたことも、介護に興味をもった理由の一つでした。介護の話が出たとき、東京から遠く離れた施設に入所している祖母のことを思ったのです。

大好きな祖母の役に立てなかった悔しさ

おじいちゃん、おばあちゃん子だった私は、祖父の死後、自宅での生活が困難になって老人保健施設に入所した祖母と会うため、家族と一緒だったり、姉と二人だったりで、定期的に祖母のいる老人保健施設をたずねていました。

母と姉と私の3人で面会に行ったある日のこと、祖母に頼まれた買い物をするために母が出かけて、祖母の部屋にいるのは私と姉だけになりました。高齢のせいもあってトイレが近い祖母は、頻繁に「トイレに行きたい」と言います。祖母をトイレに連れていくのは、いつも看護師をしている姉の役目でした。私には無理だと思っていたのでしょう。祖母もトイレに行きたくなると当然のように姉に頼みます。

ところがその日、母だけでなく、姉もちょっと外に出てしまったとき、祖母がもじもじし始めたのです。どうしたのかと聞くと、「トイレに行きたい」と。そうか、困ったな。でも、何回もお姉ちゃんがやっているのを見ていたし、たいしたことをしているようには見えなかった。きっと私にもできるだろうと思い、「じゃあ行こうよ」と言って連れていこうとすると、「マコちゃんを待ってる」と言います。「でも、我慢できないでしょ。大丈夫。いつも見ていたから、私にもできるよ」と言うと、「ありがとう。でも、マコちゃんを待ってる」と祖母はかたくなでした。

二人して、いまかいまかと姉を待ちますが、なかなか戻ってきません。そわそわしている祖母を見かねて「私にもできるよ。我慢はよくないよ。行こうよ」と言って、不安そうにしている祖母をトイレまで連れていきました。ところが、見ていると簡単そうだったのに、いざやってみるとなかなかうまくできません。

手間取っている私に、祖母はすまなそうな顔をして「マコちゃんにやってもらうから、いいよ。ありがとう」と言ったのです。簡単そうに見えたのに、姉がやっていたようにはまったくできなかったことがショックでした。祖母に対しても申し訳ない気持ちでいっぱいになり、つらそうにしている祖母の顔を見返すことができませんでした。

そのあと姉が戻ってきたので、姉がやっているのを見ていたのですが、やっぱり簡単そう。「ここを支えてあげると安定するからね」などと私に説明しながら、祖母を補助する姉を見て、すごいなぁ……と感心してしまいました。祖母は、安心しきって姉に体を預けています。

そんなことがあったので、いつか父や母を介護しなければならないときが来ても、私にはなにもできないかもしれないと思っていたのです。

ほかにも、こんなことがありました。やはり面会に行ったある日のこと、祖母と話していて、ふと祖母の足元を見ると、祖母の履いている上履きの先が真っ赤になっています。

「おばあちゃん、上履きが赤くなってるよ!! どうしたの?」と声をかけて上履きを脱がせると、靴下の先が血で真っ赤に染まっていました。

祖母はうつむきながら、「さっき足の爪を切ってもらったんだけど、その人が、少し指まで切っちゃったんだね」と言います。

「痛かったでしょ。大丈夫? 私、施設の人に文句言ってくる!」と言うと、「痛くないから大丈夫。職員さんも悪気があったわけじゃないし、かわいそうだから言わないであげて」と祖母に諭《さと》されてしまいました。

出血はもう止まっていましたが、きっとすごく痛かったと思う。やってしまったことは仕方ない。だけど、すぐに気づいただろうに、処置をしてくれたらよかったのに。

「やっぱり、ひどすぎる！」と言って、施設の職員に言いに行こうとすると、今度は母が「お世話になっているし、おばあちゃんもいいって言っているし、もう出血も止まっているから、文句を言いに行くのはやめて」と言って私を制止するのです。

すごく悲しくて、爪ぐらい私が切ってあげたいと思いました。だけど、知識も技術もない私にはできないかもしれない。このときもまた、自分の無力さを感じていました。

それと同時に、いつか両親の介護が必要になったとき、こんな気持ちになりたくないとも思っていました。私は両親が大好きなので、できるだけのことをしてあげたいと思っていたのですが、体が不自由になった人の役に立つためには、知識や技術が必要なんだと思い知ったのです。


そんな経験があったので、介護と看護の二択ならば、いつか役に立つかもしれない介護のほうがいいかなぁと、深く考えもせず「介護」と答えたのです。

すると姉は、すぐに「そっか。トモちゃんなら、そう言うと思った。わかった」と言って、電話を切ってしまいました。

「わかった」ってなに？　なにが、わかったんだろう。姉の言葉に首をひねりながらも、改めて介護について考えてみました。

介護ってどういうことをするんだろう。食事を食べさせたり、トイレに連れていったり、お風呂に入れたりするんだよね、たぶん。少しコツを覚えれば案外、私にも、できるかもしれない。難しいことではなさそうだし、介護士の資格を取るだけでもいいかもしれないな。お姉ちゃんが「資格は裏切らない」って言ってたし、食いっぱぐれがないなら、資格を取っておいても損はない。資格を取っても、すぐに働かなくてもいいわけだし。

日本が高齢社会に突入していることは間違いないし、ニュースで、介護の仕事はこれからどんどん必要になってきて給料が上がるかもしれないって言っていたし、将来、両親の介護にも役立つかもしれない……。

考えたといっても、その程度です。

介護にすごく興味があったわけではないし、いますぐ介護の仕事がしたいと思ったわけでも、いますぐ資格が欲しいと思ったわけでもありません。ただ、自分の将来の姿が、なにも見えないことが怖かった私にとって、「いつかお店を卒業したら、介護の仕事をするのも悪くない」と思え、それだけで、選択肢が一つは見えたような気がして安心しました。

それでも、それは近い将来のことではない。いつか、のこと。日々の楽しさや忙しさに流されている私にとって、その「いつか」は、来るかどうかもわからない。

いざとなれば、資格を取るという道があると知っただけで、将来に対する不安がなくなった楽観的な私は、すぐにまた、同じ日々のくり返しに戻っていきました。

駅のトイレで洋服交換？　波乱万丈の学校見学

将来のことを考えて、ふと不安になったあのとき、姉に電話をせず自分だけで考えていたら、私は介護の世界にはきっと進まず、もしかしたら、いまも夜の世界にいたかもしれません。

ところが、慎重派の姉が、なぜか即行動に移したのです。

朝、まだ寝ていたのに、姉から電話がかかってきました。

「トモちゃん、〇月〇日の昼間って空いてる？　月の前半だから、ショーの練習はないよね」

「うん、昼間は空いているけど、夜は仕事があるし、あんまり遠出はしたくないなぁ」と答えると、

「トモちゃんにぴったりの学校を見つけたから見学に行こうよ」と言うのです。

「学校って？？　なんのこと？」と聞くと「この前、話したでしょ、介護の学校だよ。介護の資格を取るなら、学校に通わなきゃいけないの。調べたから行くよ！」

介護の話は、この前、確かにしたけど、「学校を調べた」っていきなり!?　どういうこと？と思いながらも、断わったらまずいことになりそうな圧を感じました。それで、せっかく調べてくれたんだから、行くだけ行ってみようかな。とにかく、お姉ちゃんは行きたがっているわけだし、また怒らせるのも面倒だし、仕方ないかと、しぶしぶ承知しました。

一生、水商売で働こうと思っていたわけではないけれど、あと何年かはできるだろう。それから、介護の仕事を含めたなにかを考えても遅くないと思っていたので、本当にしぶしぶでした。

そして、学校見学当日。その日も深夜まで働き、寝たのは太陽が出てから。

約束は午前中だったので、姉は、朝から何度も電話をかけてきました。眠いのに無理やり起こされて「行きたくないな〜」と思ったけれど、いまさらそんなことを言うわけにもいかないので、なんとか起き上がったものの、学校見学なんて、行ったことがなかったので、なにを着ていけばいいかわかりませんでした。

夜も仕事があるし、とりあえず姉の機嫌を損ねないためには行くしかない。だけど、ぜんぜん乗り気になれなかったし、着ていくものを考えることすら億劫でした。なので、ラフな普段着で行くことにしました。ショートパンツにサンダルだったと思います。夜は仕事なので化粧だけはしっかりしましたが、遊びにでも行くの？というような格好だったと思います。

いまなら非常識だとわかるけれど、当時はまったく悪いとは思っていませんでした。介護のことを考えるのは、まだまだ先のことだと思っていたので、学校に行く気なんてこれっぽっちもなかったからです。ただ、姉が怒るから、姉は怒ると怖いから、見学だけは行ってあげようという気持ちだったのです。

電車のなかで、誰のための学校見学なんだろうと考えながら、着いたのは高田馬場駅。

待ち合わせ場所には、スーツ姿の姉が立っていました。「スーツで着たの？」と驚く私に、姉は「あんた、なんなのその格好！　ふざけてんの？」と、いきなり怒られました。

せっかく無理して来たのにと、ちょっとムッとして、「服装なんて関係ないでしょ？　私まだ学校に入るなんて決めてないし、学校に行きたいとも思ってないんだよ」なんて、偉そうな口をききました。

ところが姉は、そんな私の発言など聞きもせず、私を駅のトイレに連れていくと「それ、脱いで！　私がトモちゃんの服を着るから、トモちゃんは私の服を着て！」と、いきなりの衣装交換。「そんなことする必要ないよ」と反対したけれど、姉の圧にはいつも勝てません。本当に失敗した。

こんなことになるのなら、やっぱり来なければよかったと思いながら、しぶしぶ姉のスーツに着替えました。私と姉は、ほとんど同じサイズ。姉は、「トモミのことだから、絶対に変な服装で来る」と思い、最初から私に着替えさせるつもりで、スーツを着てきたのだそうです。すべてお見通しだったということです。

実はこの日、私は家から出かけたので、母は、出かける私の格好を見ていました。それなのに母は、私の格好が問題だとは思いもしなかったそうです。あとで母は、「なんで気がつかなかったんだろう。本当にマコは、私よりずっと常識がわかっていたんだよねぇ。トモミがいまあるのは、すべてマコのおかげ。マコには頭が上がらないね」と言って笑っていました。

さて私は、着慣れない姉のスーツを着て、履きなれない姉の靴を履き、学校の門をくぐりました。土曜日で、学生の姿はまばらでしたが、何年ぶりかで学校の雰囲気を感じて、不思議な気持ちになりました。

学校の職員さんが来て「今日の見学はお二人だけなので案内しますね」と言って、校内を案内してくれます。案内をしながら学校で行う授業のことや、校風などを説明してくれたのですが、ちょっと、おかしな点がありました。

説明をする職員さんが、いつも姉のほうばかり見ているのです。姉に話しかけ、姉の話を聞き、姉に質問をしています。そして姉は、まるで自分がここに通うかのような態度で、職員さんにいろいろと質問をしています。職員さんは、スーツを着ている私には、ときおり愛想笑いをする程度。はたから見たらおかしな二人だったと思います。私は、なんだと思われていたのだろう。

それはともかく、案内された校内には、ベッドなどを置いた介護実習室があったり、介護施設の空間を再現しているような教室があったり。介護用品などもいろいろ設置されていて、ほとんどが初めて見るものばかりだったけれど、私は興味を覚えていました。

姉は、自分からさんざん質問して、職員さんとも率先して話していたのですが、ふと受験の話題になったとき、突然、ハッとしたような顔をして、申し訳なさそうに「すみません、私じゃないんです。妹が受験しようと思っているんです」と言ったのです。

職員さんが、驚いた顔で私を見ました。

「えっ、私？　私、受験することになったの？？？？」

声には出さなかったものの、職員さんと一緒になって驚く私。引っくり返りそうになりました。

姉の猛プッシュで、まさかの駆け込み受験！

見学を通して、この学校が素晴らしい学校であるということはわかった。だけど、そもそも、すぐに入学したいなんて思っていなかったし、今日だって、できれば断りたかったのです。それなのに、まさか、こんな展開になるなんて……。

姉をチラッと見ると、「あんたの考えなんてお見通し」と言わんばかりの怖い顔。私をにらむ目のなかには、あきらかに「あんた、余計なこと言うんじゃないよ」的な圧がありました。

仕方なく私は苦笑いでやり過ごし、心のなかで、「まあいいか。最終的に受験するかどうかを決めるのは私だし、ここは静かにしておこう」と思いながら、職員さんの言葉に耳を傾けることにしました。

職員さんも、今度は私に向かって、介護とはなにか、この学校ではなにを学んでいくのかなどを、説明してくれます。すぐにここで学びたいと思っていたわけではなかったけれど、興味がなかったわけではないので、説明を聞くにつれて、介護技術ってなんだろう、お年寄りと関わるってどういうことなのだろうと思うようになっていきました。

法律や栄養、医療も学ぶんだ。おもしろそうだな。学校もとてもきれいで感じもいい。職員さんの話を聞いているうちに、だんだん興味が出てきて、説明が終わるころには、自分でもびっくりでしたが、介護について学んでみたいという気持ちが出てきていました。

ところが、すべての説明が終わり、受験について聞いてみると、もう第1回目の申し込みは終了していて、2回目の申し込みも明日には終了とのこと。

受けてみたかったけど、明日、締め切りだなんて縁がなかったな。学校で学ぶのもいいかなと思ったけど、今年は無理そうだなと思い、「そうですか、わかりました」と言って帰ろうとしたのに、姉はまたまた私のことなどお構いなし。前のめりになって「明日までなら、なんとか間に合うかもしれません。明日の何時までに、なにを用意すればいいですか」と真剣な表情で聞いています。

なんなんだ、この人。いますぐ学校に通わなければいけないというわけではないんだから、「余計なことを言わないで」と伝えるつもりで姉を突《つつ》いたり、手を引っ張ったりしましたが、姉はまったくこちらを見ません。

「申し込みは、一応5回まで予定しているのですが、人気があるので、毎年2回で定員に達して終了してしまうんです。明日が2回目なので、きっと今年も明日で締め切ることになると思います。間に合うのであれば、明日までに申し込んでください」とのこと。

そのころ、すでに介護を学ぶ人は減少傾向にあったはずですが、いまほどではなかったのでしょう。すっかりあきらめムードになっている私のほうを見向きもせず、姉は「わかりました」と言って必要書類はなにかなど、詳細を聞いています。必要書類はたくさんあるし、提出しなければならない論文もあります。明日までなんて絶対無理。間に合うはずがありません。

私は、「いよいよ、誰が受験するのかわからなくなってきたなあ。でも明日までなんて絶対に無理だから、あとでお姉ちゃんにそう言おう」と、まるで他人事《ひとごと》のような気持ちで、姉と職員さんのやり取りを聞いていました。

ところが、「ありがとうございました」と挨拶をして校内を出たとたん、姉が「トモちゃん、すぐ高校に連絡して、卒業証明書を取りに行って」と言うのです。結局、ここでも姉は、私の気持ちなどお構いなし。その場で高校に連絡させられ、必要書類を取りに行くことになってしまいました。問題は論文。「夜は、仕事があるから、論文なんて絶対に書けないよ」と言うと、「それほど長いものじゃないから、寝ないで書けば書けるでしょ。書きなさい！」と言うのです。

このときの姉は、本当に怖かった。いつもはすぐ怒鳴るくせに、このときは声を荒らげることもなく、押し殺したような低い声で、表情を変えることもなく話すのです。そのせいか、普段の何倍もの圧があり、私は何も言えなくなってしまいました。

結局、店が終わってから急いで家に帰り、待ち構えていた姉に叱咤されながら朝までになんとか論文を書き上げました。つまり、とうとう応募に間に合ってしまったわけです。

入学試験は筆記と面接です。筆記は、まあ、そこそこ。面接は、人前に出ることや、話すことはもともと得意なので、まったく緊張することなく終わりました。でも、「高校を卒業して、すぐ入学してくる子たちとは年齢が違ってしまうから、夜間部にしたらどうですか？」と言われたときは、昼間部は2年だけど、夜間部は3年も通わなければならないので、「私は昼間部でないと行きません」と、身のほどもわきまえず、きっぱり、はっきりお断り。そのせいで「落ちるかもしれないな。でも、それならそれでいいや」と思いながら合否を待ちました。

そもそも、つい先日、興味をもったばかりの介護という仕事。学んでみようかな、という気持ちにはなったものの、受からなくても不思議でもなんでもない。落ちるのが当たり前とすら思っていました。

ところが、驚いたことに、なぜか合格してしまったのです。

キャバクラ引退と、介護のプロへの船出

ここまでお話ししたことからわかると思いますが、私には、大きな志《こころざし》があったわけでも、奉仕の気持ちがあったわけでもありません。

なんとなく流れに身をまかせ、姉が敷いてくれたレールに乗って学校見学に行き、話を聞いたら興味がわいて、ほかにやりたいことがなかったから、介護の世界に足を踏み入れることになっただ

けです。

入学したあと、姉と二人で学校見学にいったときに、いろいろ説明してくれた先生から、「真っ黒に日焼けして、派手な化粧をしていた君が、介護職を目指しているなんてまったく思わず、お姉さんが受験するのかと思ったよ」と言われたのですが、そのころはまさに、「この子が介護なんてするわけがない」と思われるような私だったのです。

そんな私のために、自分が通うわけでもないのに学校を調べ、見学を申し込み、いやがる私にスーツを着せて、無理やり学校見学に連れていってくれた姉。いまにも寝落ちしてしまいそうな私のお尻を叩き、私と一緒に自分も徹夜して論文を書き上げさせてくれたのも姉。すべて私のためにしてくれたことです。怖い姉ですが、いまでは心から感謝しています。

母は、とても不安だったと言います。「いままでとはまったく違う介護という世界に入って、甘ったれのトモミに人のお世話ができるのだろうか。熱しやすくて、冷めやすいトモミだから、勉強もすぐにあきて、またやめてしまうのではないだろうか」と、心配が尽きなかったそうです。

そんな母の気持ちなど知るよしもなく、行くことになってしまった介護福祉士を目指す専門学校。最初は姉の勢いに負け、展開が速くてついていけなかったけれど、合格したとたん、新しい毎日が楽しみになり、期待が膨らんできました。

締め切り1日前に見学に行き、怒涛の勢いで書類の提出を間に合わせ、奇跡的に合格できたことが運命のように感じられたのです。

夜の仕事はすごく楽しかったし、介護の学校に通いながら、アルバイトでキャバ嬢を続けることもできたのですが、不器用な私は、きっと両立させられなくなってしまう。学校に入学したら介護実習もあるし、夜の世界で、いままでどおり働くのは無理だろう。そうなれば指名も減るし、売上も落ちる。ナンバー1にもなれたし、尊敬できる人との出会いもあったし、いろいろ学ばせてもらったけれど、もうここで学ぶことはないようにも思えました。夜の仕事はやめよう。潔く引退して、切り替えようと決めました。決めたらすぐに動きます。

店長に「やめる」と伝え、やめる日も決めました。

お客さんは、私が介護の学校を受験し、「合格したのでキャバクラをやめて学校に通うことにした」と話すと、みな、驚きながらも喜んでくれました。「うまくいかなければ戻ってこい」「俺のことも介護してくれ」などと言いながら、最後はみな「なにかあったら電話してこい」と言ってくれて、私がやめる日まで、入れ替わり立ち替わりお店に足を運んでくれたのです。

大企業の社長さん、芸人さん、お寺の住職さん、すごいお金持ちのおじいさん……。この仕事をしていなければ、二十歳《はたち》そこそこの小娘でしかない私が出会うことはなかった人たち。敬語も使えず、平気でずけずけ言いたいことを言う私を、怒ることもなくかわいがってくれた多くの人たち。約4年間、夜の世界で過ごし、ショーの楽しさを知ったことも大きかったけれど、夜の仕事でしか学べないことがたくさんあって、私は、本当に多くのことを学ばせてもらいました。

夜の仕事は敬遠されがちだし、なかには危険なお店もあるかもしれないけれど、どのような姿勢で働くかは自分次第です。世間では、夜の仕事というと色恋営業がすべてと思われているようだけど、そんなことはありません。もちろんそのような営業法もあるかとは思いますが、女の子とお客さんのあいだにはさまざまな関係があります。

心から信頼できる人や尊敬できる人、気のおけない友だちみたいな関係になれる人、励ましてくれたり、応援したりしてくれる人。たくさんの出会いがあり、いろいろな関係があり、そこにまた学びがあります。

いま思うのは、夜の仕事で学んだこと、すべてがいまの私をつくってくれていて、その学びは、介護の仕事でも大いに役立ってくれたということです。

キャバクラをやめたあとは、夜の生活のリズムから昼の生活のリズムに切り替えたり、金銭感覚や価値観も切り替えたりしなければなりませんでしたが、昼夜の切り替えはさほど大きな問題にはならず、お金の問題も、もともとお金にあまり執着がないほうだったので、それほど苦にはなりませんでした。

私の気持ちは、もう学校に向いていました。これから進んでいく新しい世界。どんなことが待っているのか、胸をときめかせていたのです。

第4章

学校で学んだこと

勉強に夢中になった学校生活

久しぶりにする勉強に戸惑いを感じながらも、学校に通い始めた私は、新しく知る世界にのめり込んでいきました。授業は想像していたより数倍おもしろく、祖母のことを考えながら聞いていたので、いろいろなことがリアルに感じられました。

介護という仕事については、姉からいろいろ聞いてそれなりに理解しているつもりだったのに、知らないことばかりでした。「ボケ」という言葉は、いまは差別語となっていて「認知症」といわれていること。認知症は病気であること。夕方になると「家に帰る」と言い出すのは、「夕暮れ症候群」ともいわれる帰宅願望で、精神的に落ち着かないときに出る可能性が高いということなど、初めて聞くことばかりでした。

認知症について学んだときは、「認知症になった人は、自分が誰なのか、まわりの人が誰なのかを忘れてしまうことが少なくないの。自分のまわりに知らない人がたくさんいて、自分の名前を呼んでいる。そんな環境を想像してみて」と言われ、「そんな世界のなかにいるのか、そりゃあ怖いわ」と思って衝撃を受けました。

そして、そういう世界にいる人には、どのように話しかけたらいいかを教わったときは、「聞きやすい声のトーンや大きさがある」と説明されて深く納得。

また、「高齢者は子どもに返る」と聞いたときは、「高齢者なのに子どもって意味わからない。どうして？」と思ったり、「子どもに返った人は、やりたくないことは絶対にやらない」ので、そういう人には「教えてほしいとお願いしたり、褒めたりしてやってもらう必要がある」と聞き、「なるほど」と思ったり。

学べば学ぶほど、介護の奥深さに感心したり、驚いたり、疑問をもったり。もっと知りたい、もっと学びたいと思うことばかりでした。以前は、学校という場所が好きになれず、勉強も大きらいだったのに、自分でも信じられないぐらい勉強に明け暮れるようになっていったのです。

入学前、もう一つ抱えていた不安がありました。それは、高校を卒業してすぐにこの学校に入ってきたほかの生徒たちより、4歳年上の私が、クラスメイトと仲良くなれるのか、ということでした。年下の人たちと一緒に学ぶことを選択したのは私なのですが、そのころはまだ金髪で、エクステ（髪の毛につける付け毛）に派手めなメイクというギャルっぽい格好をしていたので、余計に心配だったのです。

けれども、それまでの仕事で培《つちか》ったコミュニケーション能力のおかげで、クラスメイトとはすぐに仲良くなれて、不安はあっさり解消されてしまいました。介護士になるという、同じ志をもつ仲間たちと一緒に勉強する日々は、年齢という垣根を越えてとても楽しかったのです。

というわけで、学校に通うという最初のミッションは軽々とクリアすることができました。

次に待ち受けていた難関は、入学して数か月が過ぎたころに行われた施設実習でした。実際に

「特別養護老人ホーム」に行って2週間、まずは見学からですが、介護の仕事を実体験するのです。

特別養護老人ホームは「特養」とも呼ばれ、一人で生活することが困難になった高齢者にとっての終《つい》の棲家《すみか》。亡くなるまで生活する場所です。

ほかにも、高齢者が利用できるサービスや施設はいろいろあるのですが、多岐にわたるため、ここでは本書で触れる施設やサービスだけを紹介しておきます。

「デイサービス」と呼ばれる施設は、自宅で自立して生活している高齢者を対象とした、機能訓練に重きが置かれている施設です。送迎してくれて、レクリエーションや入浴などをさせてくれます。「デイケア」と呼ばれる施設も、送迎してレクリエーションや入浴などをさせてくれるのですが、こちらは医療的ケアに重きが置かれています。

「ショートステイ」と呼ばれる施設は、短期間の宿泊を受け入れている施設で、入居する施設が決まらない高齢者や、介護している家族が出かけたりするときなどに利用されています。「デイサービス」と併設されている施設もあります。

さて、その高齢者にとっての終の棲家である特別養護老人ホーム（特養）に実習に行くことになった私は、実習前は金髪だった髪を黒く染め、当然ながら化粧もネイルもなし。キャバ嬢時代とは大違いの装いです。クラスメイトも、みな一斉に髪を黒くしたので、全員、まるで頭に海苔を張り付けたみたいになって、大笑いでした。

オシャレができなくなったのはちょっと寂しかったけれど、せっかく勉強したのだから、お年寄りともっと深く関わりたいと思ってワクワクしていた私を見ながら、母は、ここでもまた、不安で仕方がなかったそうです。友だちもできて、学校も勉強も、いまのところ楽しそうにやっているけれど、実際の現場は甘くないだろう。楽しいことにしか興味のないトモミに務まるのだろうか。下《しも》の世話でつまずかないだろうか、と。

そんな母の不安などつゆ知らず、張りきって出かけた特養で、私は最初の「忘れられない人」に出会うことになったのです。

初実習と、「介護」と「ケア」の違い

学校で、知識だけは詰め込んできたけれど、実際にご利用者さん（介護の現場では、その施設を利用するお年寄りを「ご利用者さん」と呼ぶのが一般的です）と接するのは初めてです。緊張しながらも楽しみにしていた私が、初日に出会った人が「シンさん」というおばあさんでした。

１００歳を超えていたシンさんは、視力を失っていたため、歩くことも覚束《おぼつか》ず、車椅子での生活。目が見えないため、ほかのご利用者さんより職員さんの助けを必要としているように見えました。

それでも職員さんはみな忙しそう。着替えに、朝の歯磨き、掃除、消毒、シーツの交換、トイレ介助に入浴介助、洗濯、爪切り、耳掃除、食事の介助に口腔ケアの介助、就寝介助などなど。人員が足りていないのに業務が多いからでしょう、職員さんはみな一日中せわしなく動き回っていて、

休む暇もなさそう。ご利用者さんとコミュニケーションをはかる時間も、どうしても短くなりがちのようでした。

そんななかで、私は、このシンさんが気になって仕方がありませんでした。ご飯は自分で食べているけれど、手探りで食べているので食べこぼしが多く、見えないので、器のなかにまだ食べ物が残っていることにも気づかない様子。

勇気を出してシンさんの手に自分の手を添えて器に誘導し、「ここにまだ〇〇が残っていますよ」と教えてあげると、器のなかを箸で探り「あら、まだあったのね。ありがとう」と言ってくれました。ご利用者さんから言われた、初めての「ありがとう」でした。

目が見えないってどういうことなんだろう。きっと不安に違いない。もっとなにかできることはないかと、さらにシンさんを目で追っていると、シンさんがソワソワしだしました。その姿を見た職員さんが「トイレに行きますか」と声をかけて、シンさんをトイレに連れていきます。

目が見えないため、職員さんがどこにいるかわからず、控えめな性格なのか、なかなか「トイレに行きたい」と言えずにいたシンさん。職員さんは、そんなシンさんの様子を素早くキャッチ。適切に対応しているのです。

ご利用者さんが、こんなにたくさんいるのに、一人ひとりをよく見ているんだなあ、と驚いてしまいました。

シンさんは認知機能の低下が進んでいて、短期記憶※がありません。それでも、その場でのやり取りや会話はしっかりできていたため、私は初日に自己紹介をして、「学生で、ここに2週間ほど介護を学びに来ているんです」と話しました。

「そうなの、偉いね」とおっしゃるけれど、すぐに忘れてしまいます。

認知症について学校では学んでいたものの、認知症の方と接した経験がなかった私は、シンさんが本当に忘れてしまうことや、何度も何度も同じ話をくり返すことに戸惑いつつも、何度も自己紹介をして、何度も同じ会話をくり返していました。

実習に入った最初のころは、実際に介助にあたることはほとんどありません。実習の目的が、職員さんの動きや入浴介助などを見学することなので、職員さんを手伝うことができないのです。そのため、やることがなくなってしまったりします。そんなとき、私はできるだけシンさんの近くにいることにしました。ご飯のときは献立を説明したり、トイレに行きたそうな素振りが見えたら職員さんに伝えたりしていたのです。

私がシンさんのことを気にかけていたので、職員さんが、シンさんのことを少し話してくれました。

旦那さんを早くに亡くし、女手一つで息子さんを育ててあげたのに、その息子さんが高齢になり、親であるシンさんよりも先に、この施設に入所することになってしまったというのです。シンさん

※短期記憶：数分から数時間前の、比較的短い期間に保たれる記憶のこと。これが記憶できなくなる「短期記憶障害」は認知症の代表的な症状で、脳の海馬の機能が低下することで起きる。今日の日付や出来事、ちょっと前にご飯を食べたことや友人と話をしたことなどが記憶として留まらないことが特徴。

は、毎日、自転車でこの施設に通ってきていたそうです。介護の甲斐なく息子さんが亡くなってしまったあと、天涯孤独になってしまったシンさんに認知症の症状が出始め、一人暮らしが困難になって入所に至ったとのこと。

びっくりしました。息子さんが先に施設に入ることになり、自分より先に亡くなってしまうなんて……。

彼女はどんな気持ちで息子さんの死に立ち会い、どんな悲しみを抱えているのか。そう考えると、より一層、彼女のことが気になるようになりました。

そして、当たり前だけど、私の目の前にいるシンさんは、いまは、おばあさんでお年寄りだけど、以前は若く、私と同じ年代を経て、妻であり、母であった人なのだと改めて深く感じていました。ご利用者さん一人ひとりに、いままで生きてきた歴史があるんだと、このとき学んだような気がします。

私はそれからもシンさんのことが気になって、空いた時間や休憩中には、シンさんと話すのが日課になっていました。もちろん、すぐに忘れてしまうシンさんに、毎回、自己紹介をしながらです。

実習に入って数日が経つと、介護ではなくケアのお手伝いをすることになるのですが、ここで、ちょっと「介護」と「ケア」の違いについてお話ししておきたいと思います。

これは、もっとずっとあとになって、私が自分で解釈したことですが、介護は、どちらかというと業務的な感じ。専門知識をもって、正しく行えば誰にでもできる仕事です。

けれどもケアで必要なのは「寄り添う気持ち」。介護を学ぶ教科書では、「安心・安楽・自立」という言葉がよく使われているのですが、これは「ご利用者さんが安心して安楽に過ごせること。自分でできることは自分でやっていただくこと」という意味です。

できないことをやってあげるのではなく、安心・安楽をキープしたうえで、残存機能を活かしながら、ご利用者さんが衰えないよう、できることをできるだけ探し、できないことはどうしたらできるようになるかを考え、それを増やして、ご利用者さんが少しでも自立できるようサポートする。それがケアです。

ただ「やってあげればいい」ということではありません。やってあげることが、高齢者にとってよいこととは言いきれないところがあるからです。「自分でできることが増えること」を目標にケアをしていこうと思えば、やってあげるのではなく、提案したり、伝えたり、見守ったりする姿勢が必要になります。そうやって、安心・安楽・自立を目指すところに、介護福祉士の専門性があると、私は考えています。

具体的には、筋力が衰えないように、無理のない範囲で、その方にあったトレーニングを少しずつ行うようにしていくこと。たとえば立つことが難しい方でも、「一日1回はトイレに座って排泄できるようにしましょう」と提案し、環境を整えたり、必要なところはお手伝いしたりしながら、できるだけトイレに行ってもらうようにすること。そうやって、一定の目標をもってサポートしていくのです。

できないと思っていたことが少しずつでもできるようになると、お年寄りの顔つきが違ってきます。自信がもてるようになると、人間としての尊厳を取り戻してくるのでしょう。

お年寄りのこのような変化は、介護者のやりがいにもつながります。その人に合った声かけの仕方やサポートの仕方を見つけ、「無理をさせない。『やって』とか『がんばって』とかは言わない」などを基本として実行していくと、お年寄りの多くに変化が表れてきて、その変化は介護者の喜びになっていくのです。そういう意味でも、寄り添う気持ちで行うケアは、とても大切です。

初めての実習で、そこまでわかっていたわけではないのですが、お年寄りに寄り添うことで、私は、そういうことを少しずつ学んでいきました。

シンさんが教えてくれたこと

実習に話を戻しましょう。あっという間に実習は終わり、最後の日になりました。

すべての業務を終えて帰宅する支度をしていると、職員さんが「シンさんに挨拶してきていいよ」と声をかけてくれました。認知症のご利用者さんは、少しの変化で不安定になったり、落ち着かなくなったりするので、刺激するようなことは避けて対応する必要があります。私が、お別れの挨拶をすると、ご利用者さんを落ち着かない気持ちにさせてしまう可能性があるので、その実習先では、「お別れの挨拶は控えるように」と言われていたのですが、特別に許してくれたのです。

シンさんの前に行き、最後の自己紹介をしようと名前を伝え、今日が実習の最終日であると話すと、シンさんが私を見るように顔を上げて、「学生さんよね、いつもありがとうございました」と言ってくれたのです。その日の朝は、学生であることを伝えていたけれど、そのときは伝えていませんでした。

職員さんが「えっ？　シンさん、この子が学生さんだってわかるの？」と驚いて聞きました。するとシンさんが、私の手を優しく握ってうなずいてくれたのです。私は涙が止まらなくなって、「また、会いに来ますね」と言うと、シンさんは「待っていますよ」と言ってくれました。

着替えを終えて帰るときには、もう私のことや、さっき話したことも忘れてしまっていたけれど、そんなことはどうでもよくて、私は、うれしい気持ちでいっぱいになっていました。

資格が取れればいいと考え、好奇心と興味から学んでいただけの私に、気持ちの変化が起きたのはこのときでした。「資格を取るだけではなく、介護福祉士として実際に働いてみたい。お年寄りの役に立ちたい。少しでも力になりたい」と思うようになったのです。

そう思えるようになったのはシンさんとの出会いがあったから。いまでもそう思っています。けれどもそのあと私は、長年にわたって後悔するようなことをしてしまったのです。

実習を終えて、すぐにシンさんに会いに行こうと思っていたのに、学校での勉強や自分のことで忙しくしていたため、結局、会いに行けたのは実習が終わって3か月ほどが経ったときでした。

懐かしさを感じながら「シンさんはどうしていますか？」と職員さんに聞くと、私が実習を終えた1か月後に亡くなったとのこと。

あんなに元気だったのに、なんで？

もう一度会いたかった。なぜすぐに会いに来なかったんだろう。

心底、後悔しました。

私たちが、当たり前のように過ごしている毎日は、お年寄りにとっては必ずあるものではないのだと、このとき実感しました。

きっと、シンさんは教えてくれたんだ。お年寄りと私たちの時間は一緒ではないこと。

シンさんが亡くなったことで教えられたその教えは、私が、いまでも大事にしていることの一つです。数年後、新人職員を指導する立場になってからも、このことは必ず伝えるようにしていました。お年寄りにとっては、「明日が来るのは当たり前ではない」ということを。


初めての実習を終え、介護の仕事の素晴らしさに気づけたような気がした私は、本気で福祉の現場で働きたいと思い、さらに猛勉強するようになりました。

実際の現場を見て、教科書での学び以外にも、たくさんの知識や技術が必要だとわかったので、それまで生きてきて、かつてないくらい夢中になって授業を聞き、熱心に勉強しました。難しい科目はわかるまで先生に聞き、苦手だった介護技術の習得は、放課後に友だちと居残りをして何度も練習しました。

最も苦手だったのは、ベッドから車椅子に、あるいは車椅子からベッドなどに、ご利用者さんを移動させるときに行う「移乗動作」の介助です。介護業界では「トランスファ介助」とも呼ばれる技術ですが、コツをつかめば、体重70キロの人でも楽にサポートできます。けれども、うまくできないとすぐに腰が痛くなってしまうのです。

反対に、母が心配していた下の世話は大得意でした。臭いとも汚いとも思ったことがなく、きれいにしたあと「よっしゃー！　きれいになったぞ！」という達成感が味わえるので、大好きだったのです。

それまで、勉強は大の苦手。学校がきらいでサボってばかりだったのに、専門学校ではクラスでもトップを争うくらい優秀な成績を修めることができました。介護の仕事に就きたいと、心底、思ったからでした。


そうやって夢中になって学んだ2年間は、あっという間に過ぎていき、私は無事、介護福祉士の資格を取得することができました。

「介護士」とは、資格の有無に関わらず介護業務に従事する人全般を指しますが、「介護福祉士」は、国家試験に合格して国家資格を取得しなければ名乗ることができません。

当時は、福祉専門学校を卒業すれば、自動的に介護福祉士の国家資格が取得できたのですが、私が福祉専門学校を卒業したすぐあとに、この制度は改正され、いまでは福祉専門学校を卒業しても、国家試験を受けなければ介護福祉士の資格は取れないことになっています。姉は、制度が改正されることを知っていたから、急いで私を学校に通わせようとしていたのでした。

さて、そんな姉のおかげもあって、無事、介護福祉士の資格を取得した私は、卒業後、どのような職場に就職するか、進路を決める必要がありました。高齢者施設やサービスには、66ページで紹介したものだけでなく、目的が異なるいろいろな施設があります。どのような施設にしようかと考えていたとき、ふと、あのシンさんとの出会いが浮かんできました。

シンさんの最期を看取《み》ることは、実習で2、3週間、施設にいただけの私には到底無理だったのですが、もっともっと関わりたかったという思いが、いつまでも残っていました。

その後も何度か実習を経験し、自分が関わったご利用者さんの最期を看取りたい、最期まで寄り添いたい、そう思うようになっていたのです。

私が在学中に亡くなった祖母や、それ以前に亡くなった祖父、二人の最期を看取れなかったという後悔も重なり、就職するならご利用者さんと最期まで関われる特別養護老人ホーム（特養）と決めました。

特養には、病院などで「相部屋」と呼ばれる、一部屋にベッドが何床かあり、カーテン等で区切られて生活をしている「従来型」と呼ばれる施設と、ご利用者さん一人ひとりに個室がある「ユニット型」と呼ばれる施設があります。

従来型は基本的に、トイレや食事などの時間がすべて決まっていて、時間がくれば、ご利用者さん全員を次々にトイレや食堂にお連れしなければなりません。けれどもユニット型では、トイレや食事なども、ご利用者さん一人ひとりに合わせて柔軟に対応することが可能です。ユニット型のほうが、ご高齢者の尊厳や個性を大切にできるのです。

当時はまだ従来型が多く、ユニット型の特養はそれほど多くはなかったのですが、私はユニット型の特養を希望しました。

ところが、就職した特養で配属されたのは、その特養に併設されている「ショートステイ・サービス（以下「ショートステイ」と表記します）」だったのです。

ショートステイとは、これも66ページで紹介したように、ご自宅で生活されている方などが、一時的にお泊まりする施設です。ご利用者さんの滞在日数はたいてい3〜4日ほどで、長くても数週間。つまり、入れ替わり立ち替わり、ご利用者さんの顔ぶれが変わっていくのです。

ショートステイを利用される理由はさまざま。介護しているご家族の疲労の回復のためだったり、同居しているご家族が旅行や仕事などで数日間不在になるためだったり、長期的に入所できる施設が決まらず行く先がないという方もいれば、同居しているご家族から虐待されているため一時避難のためにやって来る方もいます。

次章では、新米介護士だった私が、そのショートステイ施設で出会った方々について、お話ししていきましょう。

短大の入学式のあと大好きな母と。

第5章 ショートステイで出会った人々

家族から虐待され、痣《あざ》だらけだったアカイさん

私が最初に働くことになったショートステイ施設では、短期入所が決まると、その方の病気や麻痺、生活習慣やご家族からのコメントなどが記載された書類が配られ、介護リーダーからも、利用される方についての情報が伝えられることになっていました。

ある日のこと、「今度いらっしゃるアカイさんは、同居のご家族から虐待を受けているため、うちを利用することになった方です。だから、もしご家族が『面会したい』と言ってきても、絶対に通さないでください」と言われました。

入職して数か月が経過していたころです。介護の難しさがわかり始めてはいたけれど、テレビなどでニュースになっている介護虐待を受けている人と接するのは初めてのこと。介護リーダーの話に緊張が走りました。

アカイさんが入所してくる日、「どんな方が来るのかな。ご家族から虐待を受けるってどうしてなんだろう。介護が難しい方なのかな。怖い人だったらどうしよう」などと考えながら、待っていたのですが、いらしたのは普通のおばあさん。歳相応の認知症の症状はあるものの、話はできるし、会話もしっかりしています。「お世話になります」と言って頭を下げてくれました。

アカイさんがご家族について話をすることはなく、自分でトイレに行き、ご飯も自分で食べる。いじわるでもなければ、暴力を振るうこともありません。穏やかで優しい方です。

手の空く時間があると、私たち職員も加わってみなで一緒にお茶を飲んだり、おしゃべりをしたりするのですが、そのときにアカイさんが、「生まれは東北よ」と教えてくれました。私は、幼いころは東京、途中から埼玉で育ちましたが、両親は二人とも東北の出身。母が里帰り出産をしたため、生まれたのは山形でした。だから「実は私も、血筋は東北なんですよ」と話し、そのことで盛り上がり、少し距離が近づいたような気がしました。

アカイさんの初めての入浴日。たまたま私が担当になりました。

入所当初から髪の毛が脂ぎっていて、臭いも強かったため「しっかりと洗ってあげよう」と意気込んで「お風呂に行きましょう」とお誘いしたのですが「お風呂、あんまり好きじゃないから入らなくていいわ」と、やんわり断られてしまいました。

アカイさんは、食後には必ず自分で歯磨きをして、トイレのあとの手洗いも欠かしません。整容《せいよう》もしっかりとされています。整容とは、身だしなみを整えることで、洗顔や歯磨きだけでなく、髪や服装を整えたり、爪を切ったりすることをいうのですが、アカイさんは、すべてきちんとされています。きれい好きな方なのだと思っていました。

タイミングが悪かったのかな、いまじゃなかったのかもと思って、時間をあけるつもりで「では、あと30分くらいしたら入りませんか」と聞くと、やはり「ん〜、今日はいいわ」とおっしゃる。

それでも、私はあきらめません。だって、臭うんだもん……。

さまざまな理由をつけてお誘いしました。

ことになったのです。

「入浴剤を用意してみましたよ」

「さっき入った〇〇さん、気持ちよかったみたいですよ」

「体が温まりますよ」

ついにアカイさんが根負け。「あなたも大変ね。お仕事だもんね」と言って、入浴してくれることになったのです。

入浴介助は、ご利用者さんの体を、はっきり確認できる機会でもあります。実は、ご利用を始めるとき、看護師がバイタルチェックを行い、同時に体も確認させてもらうのですが、アカイさんはそのとき体を見せてくれませんでした。

バイタルチェックとは、ご利用者さんが入所する際に、ご利用者さんの脈拍・呼吸・血圧・体温・意識レベルなどを測定することをいいます。そこで得られたデータをもとに、ご利用者さんの健康状態を把握し、介護サービスを安全に提供したり、医療的処置が必要であれば、それに対処したりしていくのです。ショートステイの場合は、退所されたあと、ご家族から「知らない傷がある」などと指摘されることがあるので、体の傷なども事前に記録を取ることにもなっていました。

けれどもアカイさんは、入所時の体の確認をやんわり、でもはっきり拒絶したのです。無理強いはできないので、入浴介助の際にしっかり確認しようということになり、私はそのつもりでいました。入所の際「体に痣あり」という伝達があったのですが、アカイさんがいやがるので、それまでは腕や脚すら見ることができずにいたのです。

脱衣所でアカイさんが服を脱ぎ始めました。アカイさんの体を見て、私は思わず息を呑みました。アカイさんの体には、いたるところに大きな内出血があったのです。赤くなっているものから紫色に変色しているもの、治りかけているのか薄茶色になっているものまで、何か所も……。

驚いていることを気づかれないようにしようとは思ったのですが、表情に出てしまったのでしょう。アカイさんは、「すごいでしょ、これ。でもぜんぜん痛くないから大丈夫なのよ」と言いながら浴室へと入っていきます。

驚きと悲しみですごく動揺してしまったのですが、気持ちを押し殺し、ほとんど介助がいらないアカイさんの入浴を見守っていたのですが、洗髪が十分ではない様子だったので「私、シャンプー得意なんですよ」と言って、頭を洗わせてもらうことにしました。

ところが、頭の形が変！　へこんでいる箇所があったのです。気をつけながら洗おうと思いながら触ったのですが、とたんにビクッとするアカイさん。「ごめんなさい、痛かったですか」と聞くと、「前にね、頭にケガをしたことがあるのよ」とおっしゃる。

それでもなんとか頭を洗い、体を洗い、浴槽に浸ると、やっとうれしそうな顔になり、「あ〜、気持ちがいい」と言って笑ってくれました。「やっぱり、お風呂が好きなんですね。アカイさんいつもきれいにしているから、たぶんお風呂がお好きなんだろうなって思っていたんです」と言うと、アカイさんは、自分の腕の痣に目をやり、そこを擦りながら、「びっくりしたでしょう。娘がね……。でもね、私が悪いのよ」と悲しげな顔で言いました。

私は、なんと言えばいいのかわからず、でもなにか言わなくちゃいけないと思って、咄嗟に「アカイさんは絶対、悪くなんてないですよ」と返すと、「ありがとう。でもみんなには内緒にしてね」と言って、その話はそれっきり。その後も、ご利用が終了するまで、アカイさんの口からご家族の話が出ることはありませんでした。私もなにも聞きませんでした。

アカイさんのご利用最終日は、私のお休みにあたっていたので、最終日の前日「明日までですよね。お世話になりました。お元気で長生きしてくださいね。またお会いできるのを楽しみにしています！」とご挨拶すると、アカイさんは、「ありがとう。でも、長生きも大変よ」と言って笑っていました。

アカイさんが退所してからも忘れられず、また虐待を受けてはいないだろうか、どんな暮らしをしているだろうと、すごく気になっていたのですが、利用が終了してしまえば、その方のことを知ることはできません。それでもあとになって、結局アカイさんはご自宅に帰ることなく、違う特別養護老人ホームに入所することになったと知りました。

生活のことは、ほとんど自分でできる方だったので、自宅で暮らすことに大きな困難はなかったはずです。どんな親子関係だったのか詳しいことはわかりませんし、娘さんもいろいろ問題を抱えていたのかもしれませんが、私にとってはとても悲しい出来事でした。

介護者は他人で、家族にはなれません。それでも、他人だからこそできることがきっとあるはず。

他人だから言えることや、頼めることだってきっとあるはず。利用中だけでも心穏やかに、不自由なく暮らしてほしい。そう思って働き、その後もさまざまな方と、出会っては送り出すことをくり返していたのですが、ふと、虚しくなることがありました。

ショートステイに配属になったとき、先輩職員に言われた言葉を思い出します。

「ショートにはいろんな人が来るから、すごく勉強になるよ。介護力も上がるし、いい経験ができるはずだよ」

確かに、たくさんの出会いがあり、学びもたくさんありました。でも、ずっとここにいる人はいなくて、みな、いずれは利用しなくなります。そうなれば、その後どうなさっているか、知るすべはありません。

「最近○○さん来ないね。どこか施設に入ったのかな」

「○○さん、最近はすっかり、自分のことができなくなっちゃったって聞いたよ」

そんな会話が職員間で飛び交います。みな、ご利用者さんのその後が気になっているのです。

アルツハイマー型認知症で徘徊があったスズキさん

何度もショートステイを利用してくれるので、顔なじみになる方もいます。

そのような方のなかに、大柄な男性のスズキさんがいました。一見すると普通の男性です。おじいさんと呼ぶにはまだ早い65歳ぐらいの方で、職員が挨拶すると、丁寧に挨拶を返してくれます。まだまだ若いスズキさんですが、アルツハイマー型認知症※であるため、会話は成立しても辻褄が合わなかったり、すぐに忘れてしまったりします。症状の進行も速いように思いました。

この方、とにかくよく歩きます。食事のときは座っていてくれるのですが、まだ若くて足腰が強いからか、落ち着きなく、つねに歩いています。

歩く理由はさまざまです。あるときは、「いまから会社に行かなくちゃいけないから」と笑顔で言いながら歩きます。またあるときは「家に帰るから」と言って、スタスタと歩いていきます。「遠いなあ。タクシーを呼ぶか」と言ったりするので、「今日は、タクシー、混んでいるみたいですよ」と言ったり、寄り添って歩きながら「私、疲れちゃった。ちょっと座ってもいいですか？」と言って一緒に座ってもらい、そこでお茶を出したり、新聞を渡したりして、少しでも体を休めてもらえるようにしたりしていました。

スズキさんは、ショートステイのご利用中、寝るとき以外はつねに背広を着ていました。ご本人が一番好きで、着ていて一番落ち着くのが背広なのだと、お見送りの際にお会いした奥さまが教えてくれました。

その背広の内側には、名前と住所が書かれた大きなワッペンが張りつけてあります。初めて入所されたときに伝えられるご利用者さんの情報のなかに、スズキさんが何度も自宅から出ていってしまっていること、警察のお世話になったのも一度や二度ではないことなどが書かれていました。いわゆる徘徊です。

足取りも軽く、放っておいたら、どこまでだって歩いていってしまいそうなスズキさん。彼が入所しているときは、職員間でつねに「スズキさんはどこ？」と声をかけ合い、みんなで確認しながら仕事をしていました。スズキさんが歩きだすと、できるだけ誰かが寄り添って一緒に歩くようにしていたのですが、それでも、「あれ？　スズキさんどこにいる？」という言葉が職員間で何度も飛び交うのです。

スズキさんは、奥さまと二人暮らし。毎日一緒にいる奥さまは大変だな。スズキさんがショートステイを利用しているあいだだけでも、ゆっくり休めたらいいな。そんなことを思っていました。

スズキさんのご利用は頻繁で、数泊で帰るけれど、月に何度もいらっしゃいます。ところが、ご利用が突然、キャンセルになったことがありました。

どうしたのだろう。体調を崩してしまったのかなと思っていたら、「スズキさん、行方不明らしいよ」とほかの職員が教えてくれました。驚いたけれど、つねに歩いている方です。「考えられないことじゃない。どこに行ったのだろう」と思いながらも、私たちにできるのはスズキさんの無事を願うことだけ。

※アルツハイマー型認知症：認知症患者の半数以上を占める疾患。脳神経が変性し、記憶をつかさどる「海馬」という器官から萎縮が始まり、脳全体に広がっていく。そのため、記憶障害や判断能力の低下、時間や場所がわからなくなる、怒りっぽくなる、一人で歩き回る、意欲がなくなる、暴力行為や不安感が出る、幻聴・幻覚が現れる、うつ状態、自発性が低下するなどの症状が出る。

それからも、ご利用の予約はいっこうに入らず。忙しい日々のなかで、スズキさんのことを気にかけることがなくなりかけていたころ、スズキさんと同じように、よく歩くおじいさんのご利用がありました。

「そういえばスズキさんもよく歩いていたよね。スズキさんのほうがスタスタ歩くから大変だったけど、スズキさん、いまごろどうしてるかなあ」と同僚に話しかけると、「えっ、スズキさん亡くなったって聞いてなかったの?」と返されました。

「亡くなった!? スズキさん、亡くなったの?」

行方不明になったと聞いたあと、予約が入らなかったので、もうとっくに見つかって施設にでも入所したのかな、職員のあいだでスズキさんの話題が出ないのも、きっと元気にしているからだな、と勝手に思っていたのです。けれどもスズキさんは、行方不明になったあとすぐには見つからず、数日後、自宅から何十キロも離れたところで見つかったのだそうです。

「お金を持っていなかったから、たぶんずっと歩いていたんだと思う。靴底が、かなりすり減っていたらしいよ」と同僚が教えてくれました。歩いている途中、空腹になったのかコンビニなどで食料を万引きしていたようですが、結局、脱水を起こして倒れ、発見した人が通報してくれたおかげで所在がわかったのだそうです。

そのまま、そのことが原因で亡くなったのか、そのあとで、またなにかあって亡くなったのか、そこまでは私たちにはわかりません。ご利用者さんが自宅に帰ってしまえばできることはなくなってしまうし、その後、その方がどうなったのか、どう暮らしているのかを知ることも難しいのが、ショートステイの現実です。私は、このときもまた、虚しさを覚えていました。

ショートステイの限界は、ご利用者さんのその後がわからないことだけではありません。私たち職員は、ショートステイを利用するご利用者さんについて、みんなで、この方にはどんなケアが必要かを考えて試し、最適と思われるケアを見つけ、滞在しているあいだはみんなでそれを実践します。それによって、歩くことが困難だった方が少し歩けるようになったり、いままでできなかったことができるようになったりする方もいるからです。

私たちは、自分たちが探し出した最適と思えるケアの方法や、補助になる道具などを、ご家族に提案していました。多くのケアは、継続することで、その方の残存能力※を衰えさせないことにつながるからです。

たとえば、「起き上がるときやトイレに行くとき、手をついて体を支えられるように、ちょっとした家具を置いてあげてほしい」とか、「毎日、鏡を見せて髪を梳《と》かせるようにしてあげてほしい」とか、「洗顔はできないけど、温タオルを渡せば、自分で拭くことができるので、温タオルを渡してあげてくれませんか」とか、「食べ物は、できるだけ小さく切ってあげてほしい」とか、そんな

※残存能力：病気などで障害を負った人が、残された機能を用いて発揮することができる能力のこと。

ことです。

けれども、私たちが提案するケアを、ご自宅でご家族が行うのはやはり簡単ではないのでしょう。前回ショートステイにいらしたときは、ケアすればトイレで排泄ができるまでになっていたのに、次に来所されたら、また元に戻ってできなくなっていた、というようなことがたびたびありました。これも、数日間お泊まりしてもらうだけのショートステイの限界だったのです。

それだけでなく、「ご家族がこうやってほしいと言っているので」と相談員[※1]やケアマネジャー[※2]に言われれば、ご自宅で行われていた対応を、根拠なく継続していかなければならないことも少なくありませんでした。

さまざまな方が利用するため、介護技術の向上や、ケア方法の引き出しは充実してくるものの、やっぱり、なんだかむなしい。

もともと、看取りを前提とした特別養護老人ホームへの就職を希望していた私は、「やっぱり特養で働きたい。ご利用者さんと、もっと密に関わりたい。私たちが提案したケアが、そのまま、その方の暮らしの充実につながってほしい。ご利用者さんに最期まで寄り添いたい」と考えるようになりました。

それでも新卒で入った施設です。なかなかやめる決心がつかず、日々、目の前のこと、毎日入れ替わるご利用者さんへの対応で忙しく過ごしていました。

そんなころ、定期的にショートステイを利用するコウノさんと出会いました。

パーキンソン病でレビー小体型認知症だったコウノさん

コウノさんは奥さまと二人暮らし。歩くことはできるのですが、パーキンソン病[※3]が原因で、次のような症状が出ていました。

・小刻み歩行・すり足・すくみ足・加速歩行・方向転換時の転倒

つまり、歩きにくさや転びやすさがあったのです。それでも、いつもきょろきょろと落ち着かない様子で、何度もトイレに行こうとしたり、立ち上がって「帰る」と言って歩きだしたりします。

※1 相談員：老人福祉施設の利用者が、可能な範囲で快適かつ自律的に日常生活を送れるよう、相談や援助などの連絡調整を行う「支援相談員・生活相談員」のこと。老人福祉施設には、必ず1人以上の配置が義務づけられている。施設の利用を希望する人に、施設やサービスの概要、契約手続きなどを説明したり、利用が決まれば、本人や家族の状況を把握し、利用者の状況に合わせたサービスなどについて本人や家族と相談したりする。問題があれば、本人や家族だけでなく、利用者の主治医、介護支援専門員（ケアマネジャー）、行政機関や保健・医療機関などとも連携して対応策を検討する。

※2 ケアマネジャー：介護支援専門員のこと。介護を必要とする人や、介護をしている家族などの相談や心身の状況に応じて、訪問介護、デイサービス、特別養護老人施設などが利用できるようケアプランを作成し、市町村・サービス事業者・施設などと連絡や調整を行う。「介護支援専門員証」の交付を受けた人を指し、多くは居宅介護支援事業所（ケアマネ事業所）や介護予防支援事業所（地域包括支援センター）に所属している。

※3 パーキンソン病：脳の病気。脳にある黒質という部分の神経細胞が変形・減少することにより、そこで作られる神経信号を伝えるドーパミンという物質も減少する。ドーパミンの減少により、黒質からその先（線条体）への信号がうまく伝わらなくなり、結果として体がうまく動かなくなったり、自分の意思とは関係なく手足が震えたりといった症状が表れる。この神経細胞がなぜ変形・減少するのかはわかっていない。

前のめりの、すり足で歩き、足が出づらいため小刻みに歩いているかと思えば、いきなり歩くスピードが変わって早歩きになったりするので、歩く際には必ず職員が付き添っていました。

コウノさんの調子がよさそうなときは、なにかあればいつでも支えられる位置で付き添いますが、調子が悪そうで歩行がいつもよりも不安定なときは、コウノさんの前に立ち、コウノさんの手を握って、「手引き歩行」と呼ばれる方法でケアに入ります。

それでも、体に足がついていかず転びそうになるし、日に何度も立ち上がって歩こうとするので、職員の付き添いが間に合わず、転んでしまうことも珍しくありませんでした。

パーキンソン病の方と関わるのが初めてだった私は、コウノさんが苦手でした。いつ立ち上がるかわからず、立ち上がれば、いつ転んでもおかしくないのです。そのため、コウノさんから目を離すことができず、いつも緊張していなければなりません。

それでも、ほかのご利用者さんに呼ばれて、どうしても目を離さなければならないときがあります。そんなときは飲み物を用意したり、新聞を置いたりして、できるだけコウノさんが立ち上がらないようにしてそばを離れるのですが、離れているときはずっと「立ち上がりませんように」と祈っているので、神経が休まらないのです。

コウノさんが苦手だった理由は、それだけではありませんでした。コウノさんはいつも口を開けているので、つねにヨダレが出ていたのです。そのため、コウノさんに付き添って手引き歩行をしていると、私の腕にコウノさんのヨダレがしたたり落ちます。それがたまらなくいやだったのです。それでも、転ばせてしまうわけにはいきません。いつ転んでしまうかわからないので、手引き歩行をしないわけにはいかないのです。

苦手だなと思うところは、ほかにもありました。立ち上がった際に手をお貸しすると、「あぁ、すみません」と言って笑顔を見せてくれるのですが、話しだすとなにを言っているのかわからないことがあります。そうなると伝わらないことにいら立って怒り出し、いきなり顔色を変えて「おい、ぶん殴るぞ」などと言ったりするのです。これはコウノさんが、パーキンソン病だけでなく、「レビー小体型認知症」を患っていたためと考えられます。

レビー小体型認知症は、アルツハイマー型認知症とともに高齢者に多い認知症の一つで、一日のなかでも、時間帯によって認知能力が変化する「日内変動」があるのが特徴の一つです。時間帯によってはしっかりしているため、病気とは思われない患者さんもいるそうで、コウノさんも、しっかりしているときは、口は相変わらず開いたままでしたが、それ以外は一見、認知症を患っているとは思えない状態になります。

ショートステイのご利用者さんは、日ごろはご自宅で過ごしている方がほとんどなので、自立している方や自立に近い方が多く、介護やケアで不安になったりすることはあまりなかったのです。

けれどもコウノさんのときは、「転んだらどうしよう。なにを言っているのかわからなくて、また怒らせてしまったらいやだな」など、心配ごとが多かったため、最初のうちは、予約が入ると

「また来るのか。その日は、夜勤に当たらなければいいな。ヨダレきついなー。転ばないようにちゃんと見られるかな」と、少し憂鬱な気持ちになっていました。

そんなコウノさんが滞在していたときのことです。コウノさんは朝から落ち着きがなく、何度も立ち上がっては職員に呼び止められていました。

「どうしましたか？」と聞くと、「トイレ」と言います。

トイレに行って戻ってきて、自分の席に座ると、またすぐ立ち上がります。

「コウノさん、どうしましたか？」と聞くと、また「トイレ」と言います。

それならと思ってトイレにお連れしても、先ほどしたばかりなので、おしっこは空振り。

「出ませんねえ。トイレは、ご飯を食べてからにしましょうね」と伝えると、自分の席に腰かけるのですが、すぐに立ち上がり、また「トイレ」と言います。

それを数回くり返して、「いまさっき行ったこと、覚えていますか？　行ったばかりだから、出ないかもしれないですよ。ご飯が終わったらまた行ってみましょうね」と伝え、なにか飲んだら落ち着いて座っていてくれるかもしれないと思い、「珈琲を入れますね」と声をかけて、珈琲を出したのですが、それには目もくれず、また立ち上がる。

私はあわてて「トイレは、ちょっと水分を摂ってからにしましょう。珈琲を入れたので飲んでくださいね」と伝えると、コウノさんが急に「なんだよ。ここは！」と怒りだしました。

「座っていると、いろんな飲み物が出てきて『飲んでください』と言われる。それを飲むとトイレに行きたくなって、トイレに行こうとすると『座っていてください』って言われる。なんなんだよ」。それを聞いて、はっとしました。きっと、私の前に勤務に当たっていた職員も、転んでしまうことを恐れ、座っていてほしいからと、飲み物をお出ししていたのでしょう。水分を摂れば、実際には出なくても、なんとなくトイレに行きたい気分になります。

それでも職員は忙しいため、私と同じように「先ほど行ったばかりですよ。少し座って、お茶でも飲んで、ゆっくりしていてください」と声をかけていたんだと思います。

歩いたり、落ち着かなかったりするのには、必ず理由がある。認知症だからとか、転んだら大変だからとか、そんな理由で制止してはいけない。

これは、介護士にとっては基本ともいえることです。ご利用者さんが立ち上がらないようにと考えてお茶を出したりするのは、禁じられている「身体拘束」※にあたる可能性があるからです。現場の職員であれば誰もが一度は経験していることだと思いますが、お茶を出したりする前に、なぜ立つのか、なぜ落ち着かないのかを考える必要があったのです。

わかっていたのに、忙しく過ごすうちに大切なことを忘れかけていた自分にがっかりしました。

それからもコウノさんのショートステイのご利用は続き、苦手だったコウノさんに対しても、関わっているうちに、だんだんと親しみを感じるようになってきました。予約が入ると、「元気でい

※身体拘束：167ページ参照。

てくれたんだな」と、うれしくなるようになったのです。あんなにいやだったヨダレも、そのころにはなんとも思わなくなっていました。

コウノさんは、何度、利用しても私のことを覚えてくださらなかったのですが、なんとなく親しみを感じてくれるようにはなったのか、少しずつ心を開いてくれるようになりました。

「おはようー」と声をかけると、間違いなく社交辞令だったと思いますが、「おお！　待っていたよ」などと返してくれて、私が「またまたぁ〜」と言って笑うと、一緒に笑ってくれるようになったのです。気持ちは伝わる。ありきたりだけど、心からそう思いました。

私がコウノさんのことを、「苦手だな〜。ヨダレ、汚いな〜」と思っていたころは、コウノさんが私に笑いかけてくれることなど、ほとんどなかったのです。

けれども、私のなかでコウノさんに対する愛情が少しずつ育ってきて、笑顔で話しかけたり、自然な気持ちで気遣いができるようになったり、他愛もないコミュニケーションを何度もくり返したりできるようになったことで、コウノさんも次第に心を許してくれるようになったのでしょう。

ご利用予定にコウノさんの名前を見つけ、元気でいてくれたのがうれしかったのには、ほかにも理由がありました。コウノさんはいつも体のどこかに傷があり、どこで打ったのか、内出血していたりするのです。最初のころ、「なんでだろう。もしかして虐待を受けていたらどうしよう」と思って、相談員に聞きに行ったことがあります。

すると相談員が、「コウノさんは、自宅で何度も転んでいるの」と教えてくれました。コウノさんの奥さまは、持病があってコウノさんの面倒を見ることが難しいだけでなく、背の高いコウノさんに比べてとても小柄な方なので、コウノさんが転びそうになっても支えきれず、コウノさんが転んだら、一人で起こすこともできないのだそうです。

あとで奥さまに聞いたところ、コウノさんが庭に出てしまい、そこで転んでしまったけれど、どうしても起こせず、ケアマネジャーに連絡して助けてもらったとか。家のなかで転んだときは、警察に連絡して起こしてもらったとか。夜中に庭先で転んだときは、そんな時間に頼れるところはないので、仕方なく朝までそのままにしておいたとか……。大変そうですが、奥さまが明るい方で、庭で転んだコウノさんをそのままにしておいた話を笑いながらしてくださったので、ちょっと救われる思いがしました。

そんな話を聞いていたので、ご利用予定にコウノさんの名前を見つけると「あぁ、元気にしてくれているんだな」と思って、安心することができたのです。

それでも、子どもがいないコウノさんご夫妻には、頼れるところがほとんどなかったのでしょう。近年、問題になっている老々介護の難しさを感じることになりました。

「どうしたらコウノさんが、少しでも自分の気持ちを伝えられるようになるだろう」

「どうしたら、奥さまの負担を少しでも軽減することができるだろう」

そんなことを考えましたが、まだ経験も知識も足りない私が考えても、わかるはずがありません。「そうだ、お姉ちゃんに相談してみよう」と思い、コウノさんのケースを相談してみたところ、パーキンソン病には薬の調整が大切だと教えてくれました。

特養には嘱託医や看護師がいるのですが、ショートステイには看護師しかいません。そのため、ショートステイの介護士は、ご利用者さんの体調で気になることがあっても、「かかりつけ医を受診してみてください」とご家族へのお便りに書き添えたり、ケアマネジャーを通して、ご利用者さんのご家族に医療機関への受診を勧めたりする程度のことしかできません。受診させるかどうかの判断は、ご利用者さんのご家族にまかせるほかないのです。

コウノさんの場合は、奥さまがコウノさんを病院に連れていきたいと思っても、それが簡単ではないので、なかなか受診できないようで、内服薬の調整もされていないようでした。

結局、できること、してあげたいと思うこと、もっと安心して楽に過ごせるようになるかもしれないことを実行することさえ難しい。これもまたショートステイの現実でした。

もう少し行き届いたケアができれば、少しは安心・安楽に生活できるかもしれないと思えるご利用者さんの多くが、十分なケアを受けることなく衰えていき、やがては自宅での介護が難しくなって、特養に入所するケースが少なくないのです。

コウノさんの場合も例外ではなく、医療機関の受診や内服薬の調整をお勧めしても、それができたという報告はなく、私は結局、悶々とした日々を過ごすしかありませんでした。

せっかく出会って家族より長い時間を過ごす日々があるのに、できることをしたいのに、十分にはできず衰えていくのを見ているだけ。ご利用が終われば、関わることもなくなってしまう。そんな日々のなかで、「やっぱり特養に行きたい」という思いが強くなっていきました。

出会った方たちにとってどんなケアがいいのかを考え、提供し、できれば、その方がいまの暮らしを継続できるよう環境を整えていきたい。おこがましいかもしれないけれど、その方の人生にしっかりと関わり、寄り添っていきたい。

ショートステイが寄り添っていないわけではないのですが、もっとできることがあるはずという思いがつのるばかり。特養で働きたい、働いてみたいという思いが、どうしても消えないのです。

決断するまでは迷い、悩みますが、決断したら行動が早いのが私の特長です。退職すると上司に伝えたのは、やめようと決めた数日後のことでした。

新卒で入職した施設を1年足らずでやめることになってしまったのですが、それでも、ショートステイに配属されたからこそ、さまざまな方たちと出会うことができたのです。新卒で、なにもわからなかった私に、ご利用者さんはたくさんのことを教えてくれました。

実は、ご利用者さんの死を初めて身近に経験したのも、このショートステイでのことでした。

イマダさんの事故と死について

イマダさんは、少し腰が曲がっている、体も声も小さい控えめな方でした。優しいおばあさんで、自分からなにかを発信することは少なかったけれど、話しかけるといろいろお話をしてくれる方でもありました。

歳相応の認知機能の低下があるイマダさんが、初めてのショートステイをご利用になった日のことです。ご家族から施設に宛てた連絡帳を見ると、イマダさんの娘さんが『母は夕方になると『帰りたい』と言って落ち着かなくなることがあります。そのときにはカバンに手紙を入れておきましたので、それを本人に渡して見せてください。それでも落ち着かないときは、電話をしてくださってかまいません」と書いてありました。

夕方になるにつれて、イマダさんは確かに、だんだん落ち着かない様子になってきました。まわりをキョロキョロと見回したり、立ち上がったり座ったりを、何度もくり返しています。

その様子を見て「あぁ、よくわかっているご家族だな」と思いながら、「イマダさん、そういえば、娘さんから手紙を預かっていますよ」と言って、娘さんからの手紙をカバンから取り出してお渡ししました。

手紙には「私たちは旅行で家をあけているので、〇月〇日~〇日まで、いまいる施設で過ごしてください。旅行から帰った〇日には迎えに行きますからね」と書かれていました。

イマダさんは、声に出して手紙を読み、読み終わると「私は、ここにいていいんですか?」と尋ねてきます。「もちろんです。娘さんから頼まれているんですよ」とお返事すると、「そうだったんですか。あの子、私にはなにも言ってくれなくて」と笑顔になり、「お世話になります」と言って落ち着かれました。

その後も、何度か同じように落ち着かなくなるのですが、そのたびに手紙を渡して説明することをくり返していると、やがて落ち着いて、笑顔を見せてくれるようになりました。

イマダさんは、その後のご利用でも毎回必ず、同じような手紙を持参されていました。ご家族が留守になる理由が毎回違っていたので、娘さんは、利用前に毎回、新しく手紙を書いているのだとわかり、そこにご家族の愛情を感じました。

あとで聞いたら、イマダさんの娘さんは、介護に関するお仕事をされているそうで、愛情があるのはもちろんですが、介護には細やかな配慮が必要なことをご存じだったのでしょう。

ところが、そんなイマダさんが、ある日、大ケガをしてしまったのです。

そのころ私の働いていた施設は「デイショート」とも呼ばれ、日帰りでレクリエーションや入浴などをしていただく機能訓練に重きを置いた「デイサービス」と、ご自宅で生活している方が一時的に宿泊する「ショートステイ」が、扉を挟んで行き来できるような構造になっていました。

それぞれ目的が違う施設なので、いまは両方のご利用者さんを一緒にする施設は減っているようですが、当時、私がいた施設では、ショートステイのご利用者さんは、デイサービスの部屋にも、自由に行き来できるようになっていました。

そのため、その日、ショートステイを利用していたイマダさんは、デイサービスで行われていた「ボール投げゲーム」に参加していたのです。

このゲームは、ボーリングのピンのように並べたペットボトルを、前に置かれた椅子に座るか、車椅子の方は車椅子に座ったまま、ボールを投げて倒すというゲームです。

私はそのとき、ショートステイで業務をしていて、ショートステイからデイサービスに行ってゲームをしているご利用者さんの付き添い、見守りは、私と同期のムラタさんが行っていました。

デイサービスの職員は、ショートステイのご利用者さんの情報を把握していないため、ショートステイのご利用者さんがデイサービスを利用するときは、必ずショートステイの職員が付き添うことになっていたのです。

デイサービスからにぎやかな声が聞こえてくるので、私は「盛り上がっているな」と思いながら仕事をしていたのですが、急にガヤガヤとした雰囲気に変わったと思ったら、相談員やほかの職員が緊張した面持ちで、小走りでショートステイにやって来ました。

どうしたのか聞くと「イマダさんが転んじゃった！　看護師も来て、これから病院を受診するから！」と言うのです。

聞くと、ほとんどの人は座ったままでボールを投げていたのに、きっとたくさん倒そうと思ったのでしょう、自分の順番になったとき、イマダさんは立ち上がってボールを投げたそうなのです。

私は見ていなかったので詳しいことはわからないのですが、イマダさんは立ち上がってボールを投げたあと、後ろの椅子に座ろうとしてバランスを崩し、転倒してしまったそうです。足の痛みを強く訴えているので、骨折かもしれないから、救急で病院を受診することにしたというのです。

それまで、大きな事故の現場に立ち会ったことがなかった私は、かなり動揺しながら、受診結果を待っていました。やがて知らされた結果は、「左大腿骨頸部骨折」。高齢者が転倒したとき、最も多く起きる骨折で、歩くことはもちろん、立つことも難しくなる可能性のある骨折です。もしかしたらイマダさんも、立ち歩くことが困難になってしまうかもしれないのです。

なんで立ち上がっちゃったのかな。なんで支えられなかったのかな。

そんなことを何度も考えていました。

レクリエーションを行うと、ご利用者さんも楽しくなるからでしょう、興奮することが多々あります。そのため、リスクがあることを理解して、いつもよりさらに見守りを強化しながら楽しんでいただく必要があるのです。当たり前のことですが、忘れてはならないことです。

事故が起こったときは、ゲームがチーム戦になっていて、職員も一緒に盛り上がっていたとのこと。そのため、イマダさんが立ち上がってボールを投げようとしたとき、ムラタさんは、「立って行えるのであれば立ったほうがいい」と、リスクのことを考えずに判断してしまったようです。その結果、イマダさんは転倒して骨折してしまったわけです。

その後リーダーから、イマダさんのご家族には、ケガに至った経緯を事実に沿ってお話しして謝罪をしたけれど、当然ながらご家族は憤慨され、介護についての知識があるイマダさんの娘さんは、特に「納得できません」と言って、かなりお怒りだったという報告がありました。相談員や施設長は、それからもイマダさんやご家族への対応に追われていました。

その成り行きを見守りながら、新卒で入職し、やっと仕事に慣れ始めていた私は、「人の命を預かること」について考えていました。

今回はたまたま、レクリエーションの見守りを担当していなかったけれど、自分が担当だったら、立ち上がったイマダさんに「座って行ってほしい」と言えただろうか。イマダさんの近くに行って、イマダさんを支えることができただろうか。そのときに起こり得るリスクを、すべて考えることができただろうか……。

私も、事故を防ぐことはできなかったかもしれない。そう思うと、他人事ではなく、本当に怖くなりました。

イマダさんは、救急で運ばれた病院でそのまま入院となり、ショートステイのほうは緊急退所となったので、しばらくはイマダさんの様子が伝えられることはありませんでした。

気になって、相談員やケアマネジャーに聞くと、イマダさんは手術をすることになったとのこと。娘さんはずっとお怒りで、ショートステイの所長や相談員が病院に謝罪にうかがった際も、いろいろなことを厳しく問いただされ、誠意をもってお返事したものの、許していただけるかどうかはわからないとのことでした。

施設側は、娘さんが転倒についての責任を問うてきた場合の対応などについて真剣に討議していたようですが、その後、娘さんが施設に連絡してくることはなく、責任を追及してくることもありませんでした。

イマダさんはどうなったんだろう。娘さんからの連絡がないのでわからないままでしたが、私は、イマダさんが元気になられて、どこか別のショートステイを利用してくれていますようにと願っていました。

イマダさんの事故が起きたとき、見守り業務を行っていたムラタさんは、私と同期で、働き始めて1年目の女性でした。高校を卒業してすぐに福祉専門学校に入り、そこを卒業してそのまま介護職に就いたので、年齢は私より4つ下。自分がムラタさんの立場だったら耐えられないと思った私は、ムラタさんのことも心配でした。

けれども、緊急搬送に付き添っていって施設に戻ってきたときも、事故の検証のために実地調査が行われたときも、イマダさんが左大腿骨頸部骨折だとわかったときも、ムラタさんは泣くことも、後悔や反省の思いを口にすることもなく、黙って働いていました。

私はいまでも、ときどきムラタさんのことを思い出し、あの事件が彼女のトラウマになっていなければいいなあと思っています。介護職に就けば、誰もがムラタさんのような体験をする可能性があることを、忘れないようにしたいと思うのです。

事故から数か月が過ぎたある日、イマダさんの娘さんから、突然、ショートステイの職員宛てに1通の手紙が届きました。

その手紙には、イマダさんの手術は成功したものの、術後の経過が思わしくなく、起き上がることができない状態が続いて食欲も低下してしまったこと。その後、「誤嚥《ごえん》性肺炎※」を起こして、結局、先日、亡くなってしまったと書かれていました。

そして、手紙の最後は、こう締めくくられていました。

「今回は、母が残念な結果になってしまい、とても悲しく、やりきれない気持ちや、悔しい気持ちでいっぱいです。それでも、もうなにをしても母は戻ってこないので、訴えることはいたしません。けれど私は、母は殺されたのだと思っています。

そのことを今後、介護をまかされ、それを仕事としていく限り、どうか忘れないでください。こんなことは、二度と起こってほしくない。母の死から学んでいただきたいのです」

文中に何度も使われている「母」という文字に、胸が詰まる思いでした。

私の母がこのようなことになったら、私はどんな気持ちになるだろう。

私たちにとってイマダさんは、ショートステイのご利用者さんであって、母でもなければ祖母でもありません。けれども、当たり前ですが、イマダさんは誰かの母であり、誰かの祖母であり、奥さまであったりもする、ご家族にとっては唯一無二の、大切な大切な存在。私たちが関わっているのは、高齢者やお年寄りではない。誰かにとっての、かけ替えのない、ただ一人の人なのです。

イマダさんの娘さんからの手紙を読んで、そんな当たり前のことに気づき、これまで、本当のところは少しもわかっていなかったのではないかと思い、自分に対する怒りや悔しさでいっぱいになりました。

「こんなことは、二度と起こってほしくない。母の死から学んでほしい」

その言葉と、ご家族の思いを、痛みとともに深く胸に刻んだ私は、いまでもイマダさんの死を忘れず、その後、レクリエーションの見守りを行う際には、必ず思い出していました。そして、ほかの職員にも「昔、こういう事故があって…」と、これまでずっと伝え続けてきました。

私たちは、誰かの大切な人を看ているのだということ。

危険はいつも身近にあるということ。

そして、二度と同じようなことをくり返さないで、と。

イマダさんの死は、私にとって、介護という仕事をしていれば、「死」はいつも身近にあることを改めて気づかせてくれた出来事でもあったのです。

※誤嚥性肺炎：本来、気管に入ってはいけない物が気管に入る誤嚥によって生じる肺炎。老化や脳血管障害などによって、飲み込む力や、咳をする力が弱くなると誤嚥が起こりやすくなり、その結果、発症することが多い。体が弱っている高齢者では、命に関わるケースも少なくない。

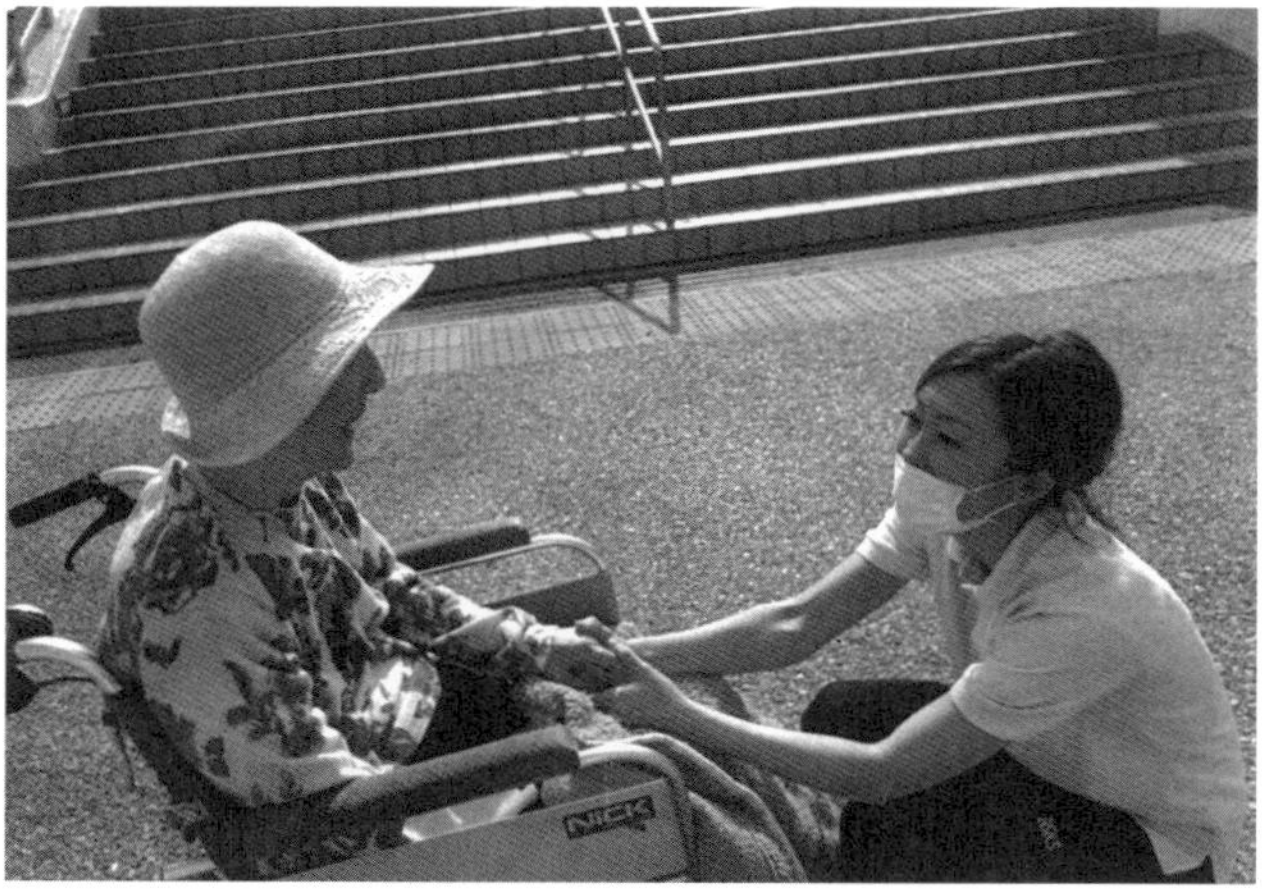

介護職時代。ご利用者さんとの一枚。

第6章

特養——高齢者の終の棲家で

特養での再出発。理想とする介護を目指して

特養で働きたい！という気持ちが消えず、ショートステイ施設を退職した私が次に勤めたのは、76ページで説明したように、ご利用者さん一人ひとりに個室がある「ユニット型」と呼ばれる特別養護老人ホームでした。

再就職するうえでこだわったのは、そこが特養で、しかも開所施設、つまり、これから新しく立ち上がる新規の施設であることでした。

自分が理想とする介護や施設を一から作っていきたい。そう思ったのです。

そう思うようになったのは、実習先だった施設、最初に勤めたショートステイ、そして、再就職をするために見学に行った施設を見て、いろいろ感じたり考えたりしたことがあったからでした。

それは、どんなにきれいな建物でも、どんなに素晴らしい理念を掲げている施設でも、結局、大事なのはそこで働いている〝人〟だ、ということです。介護の基本方針だけでなく、ご家族から寄せられるクレームへの対応や、事務員やケアマネジャーとの連携のあり方など、施設運営の基本となるマニュアルを作るのも結局は人。介護施設は、人が人を看る施設なのです。

すでに出来上がっている施設では、まずは、そこのルールに従う必要があります。先輩職員たちに、気を遣ったりすることも必要です。私は、そういうことに気を遣うのではなく、ご利用者さんを気遣いながら、本当に優しい介護をしていきたい。そう思っていたのです。

まだ学校に通っていたころ、実習先でこんな光景を目にしたことがあります。

どこか落ち着きがなく、不安そうな表情で、近くにいる介護士や職員を目で追いかけているご利用者さんがいました。そのご利用者さんが立ち上がると、忙しかったのでしょう、近くにいた職員が、すかさず「○○さん、ちょっと座ってて」と声をかけました。その声を聞き、少し落胆したような表情を浮かべて一旦は座るものの、ものの数分も経たないうちに、また立ち上がるご利用者さん。するとまた、さっきの職員が「ちょっと待ってて」と声をかけます。

そこへ別の職員が駆け寄ってきて、「どうしました？　なにかありましたか？」と優しく声をかけたのです。「トイレに行きたいの」と、答えるご利用者さん。駆け寄ってきた職員は、「あぁ、そうでしたか。じゃあ行きましょうね」と言って、その方をトイレに連れていきました。

最初に「座ってて」と言った職員も、きっとあとで対応しようと思っていたのでしょう。でも、トイレに行きたくなったとき、私たちでも我慢するのは大変です。いつまで待てばいいのか、あの人はいつ来てくれるのかと、不安にもなるでしょう。

そのやり取りを見ていて、私は、ご利用者さんが困っているようなら、必ず立ち止まって「どうしましたか？」と問いかけられる介護士になりたいと思ったのです。

実習先やショートステイで、いろいろな職員や介護士と出会い、いろいろな人の働き方を見てきました。本当にお年寄りや、介護という仕事が好きで働いている人。介護職は、この先お給料が上がるのではないかと期待して、この仕事に就いた人。就職先が見つからず、介護職は万年、人手不足だからすぐに就職できるだろうと考え、その目的を叶えて介護職に就いた人。

それぞれいろいろな事情があるのでしょうが、働き方や、ご利用者さんとの接し方も人それぞれ。尊敬できる人や、見習いたいと思う人もいましたが、残念ながら、そうは思えない人もいました。

介護士や職員の働く姿だけでなく、それまでに関わったご利用者さんやご家族の方から学んだ多くのことが、私のなかに、自分がなりたいと思う「介護福祉士像」というものを少しずつ作り上げていってくれたのだと思います。

優しい介護福祉士になりたい。

家族にはなれないけれど、家族と同じような目線で考えられる介護士になりたい。

それが、私の目指す理想の介護福祉士でした。そのような介護士になることを目指せる施設で働きたい。だからこそ、新しく立ち上がる施設に的を絞ったのです。


やがて私は、めでたく、新しく開設される特別養護老人ホームに就職することができました。

新しく勤めることになった、ユニット型の施設を簡単に紹介しておきましょう。

その施設は坂の上にあったため、1階が大ホールに駐輪場や調理室、2階が正面玄関で駐車場と事務所。6階は一部ショートステイ用とされていましたが、あとは3階から5階までの3フロアが、すべて特養という造りになっていました。

3階から5階までのフロアにはそれぞれ4つのユニットがあり、1つのユニットには個室が10部屋。つまり、1フロアごとに合計40の個室があり、40人のご利用者さんがいるわけです。6階を含め、全室が利用されていると、施設全体で150人ほどのご利用者さんがいることになります。

1フロア40人のご利用者さんに対し、昼間は基本、介護士が8人。1ユニット10部屋10人を2人の介護士が担当します。介護士が病欠したりすると、3人で2ユニット合計20人を担当することにもなるのですが、ほかにも時間勤務のパートさんや、リネン交換（シーツやまくらカバーなどを交換すること）を専門とする人などがいて、昼間は、だいたい1フロアで10人ほどが働いていました。

けれども、20時から翌朝の7時半までは、1フロアに介護士が2人だけになります。介護士1人で2つのユニット、合計20人のご利用者さんを担当することになるのです。

食事ですが、私がいた施設では、普通の白飯はユニットごとで炊いていましたが、おかずやお粥などは施設のなかにある栄養課という部署で作られていました。時間になると、栄養課で作られた料理などが、各ユニットに届けられるというシステムです。

自室で食べるご利用者さんもいますが、たいていは、1つのユニットのご利用者さん10人が一緒にリビングで食べます。栄養課から大皿で運ばれてきたおかずなどは、ご利用者さんに手伝ってもらいながら一人ひとりに取り分けます。家で使っていた食器を持ってきて使っているご利用者さんもいれば、その方の状態に合わせた介護食器（自助食器）を使用しているご利用者さんもいます。

食べ終わったら、大皿などは栄養課に戻し、残りの食器は、これまたご利用者さんに手伝ってもらいながら洗って片づけます。ご利用者さんに手伝ってもらうのは、特養が、厚生労働省の定める

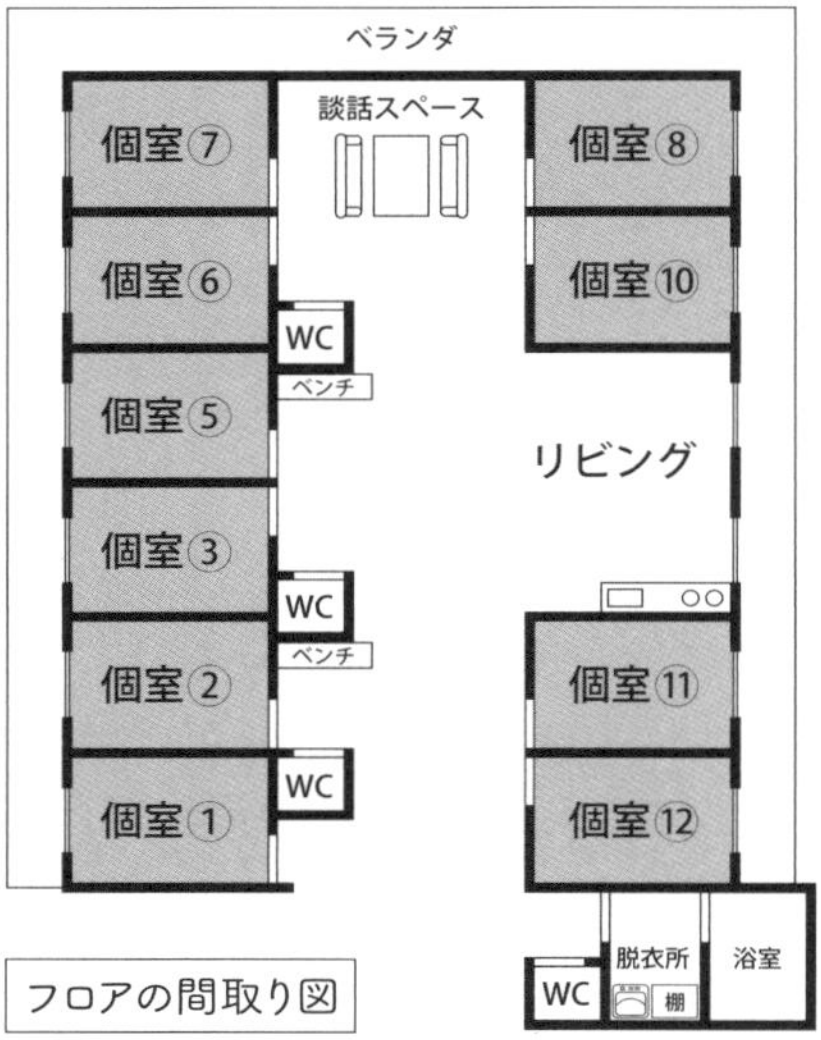

フロアの間取り図

「入居者が相互に社会的関係を築き、自律的な日常生活を営むことを支援する」施設だからです。できることはできるだけ、ご利用者さん自身にやっていただくわけです。

お風呂は、各ユニットに家庭用の浴槽が1つあり、そのユニットのご利用者さんは、原則、そこで入浴していただくことになっていました。そこには、湯船のなかに昇降する椅子が設置されていて、立ったり座ったり、浴槽をまたいだりすることが困難な方は、その椅子ごと浴槽に入れるようになっていました。それでも入浴が難しい方は、3階にある寝たままの姿勢で入れる機械浴や、車椅子のまま入れる車椅子浴を利用することになります。

トイレは各ユニットに3つ、あるいは4つずつあって、そこには、麻痺などで動作が不自由になっている方のために、左利き用と右利き用の手すりが設置されていました。

さて、就職してすぐにフロアごとの担当が決まり、私は4階フロアで10人のご利用者さんがいる「3番地」と呼ばれるユニットの担当となりました。けれども、3番地は隣の「1番地」と呼ばれるユニットと「協力ユニット」になっていたので、日中、ときどき交代して、1番地の担当になることもあります。

これは、夜勤のとき、1番地と3番地の介護士が、順番で1番地と3番地のご利用者さん合計20人を1人で担当することになるからです。昼間のご利用者さんの様子がわかっていないと、夜間での対応が難しくなるため、日中、ときどき担当を交代して両方のユニットのご利用者さんと接するようにするわけです。

担当も決まり、新しい職場で張りきって仕事を始めたのですが、なんと私は、働き始めてすぐに、苦手なご利用者さんと関わることになってしまったのです。

苦手だったワキタさんが愛おしくなったわけ

ワキタさんは、私の配属された3番地ユニットではなく、隣の1番地ユニットに入所されていた方です。アルツハイマー型認知症を患っていたため、会話が成り立ちません。ワキタさんがなにを伝えたがっているのかわからず、こちらが伝えたいことも伝わりません。

もちろん、ワキタさん以外にも、会話が困難な方はたくさんいたのですが、それでも、行動や表情で表してくれる方が多いなかで、ワキタさんはいつも下を向いて目をつむり、ブツブツとなにか短い言葉を発しているだけ。表情を読み取ることができず、行動も唐突で予想がつきません。

つねに下を向いているため、いつもヨダレが出ているし、座っていたかと思うと、突然、立ち上がります。歩くことが難しく、数歩、歩くと、これまた突然、膝から崩れ落ちてしまったりします。それでも、自分の体の状態を理解していないのか、ワキタさんは何度も立ち上がっては歩こうとします。転倒したら危ないので、寄り添って支えようとすると全力で抵抗され、時には拳が飛んできたりします。

暴力行為を避けようとして少し離れると、支えることが難しくなります。「殴らないでください」と言って手や腕を持つと、ワキタさんは皮膚が弱いので、すぐに内出血ができてしまいます。

そのため、殴られないように様子を見たり、声をかけたりしながら対応するのですが、私だけでなく、ワキタさんのいる1番地ユニットの担当となった介護士はみな、ワキタさんに殴られたり強くつかまれたりして、いつも無数の内出血を作っていました。

いつもなにかボソボソ、ブツブツ言っているワキタさんが、なにを言っているのかと思って耳を澄ますと、どうやら「たまご、たまご」「1等だ」などと言っているようですが、名前を呼んでも話しかけても、自分だけの世界に入っているのか、反応は得られません。

日中は、比較的うつらうつらしていることが多く、テーブルに突っ伏しているので、「あれ？静かだな。寝ているのかな？」と思うと、数分後には突然、目を覚まして興奮状態になったり、これまた突然、立ち上がったり、独り言をくり返したりします。

入所当初から、ワキタさんは昼寝をしっかりすることがほとんどなく、夜勤の担当者は、昼間の記録を見て、「昼寝してないから、夜間はきっと寝てくれるだろう」と胸を撫でおろすのですが、ところがどっこい。夜になるとワキタさんは、たびたび人が変わったようになってしまうのです。まったく寝ないで何度も立ち上がり、日中とは打って変わって目もぱっちり。立ち上がる速さや、歩く速度も日中より速くなっているのですが、歩くことが困難であることに変わりはありません。

夜間は、介護士が1人で2つのユニット、合計20人のご利用者さんを担当することになるので、転んでしまうリスクが高い方の部屋には、センサーを設置するようにしていました。センサーにはいろいろ種類があるのですが、そのころ私たちがワキタさんの部屋で使っていたセンサーは、マットレスとベッドパッドのあいだに設置し、ベッドから離れたり体位を変えたりすると作動して、ナースコールが鳴る仕組みのものでした。ワキタさんは、ベッドではなく、布団を敷いて寝ていたので、夜間はマットレスと布団のあいだにセンサーをセットしていました。

ワキタさんは、3日に1回ぐらいは、夜間ぐっすり寝てくれるので、そのような夜、センサーはほとんど作動しません。ところが、3日に2回は、そのセンサーが、数十分おき、時には数分おきに鳴るのです。

機械なので、誤作動もあるし、ゆっくりとした寝返りでも反応することがあるのですが、夜間の勤務に当たっている介護士は、センサーが鳴ると急いでお部屋まで行き、安全な状態であるかどうかを確認し、必要があればそのつど対応することになります。

ワキタさんが寝てくれない日は、センサーがしょっちゅう作動するので、夜勤に当たった介護士は、いつも対応に追われていました。油断できないのです。夜勤というだけで緊張するし、1人なので精神的にもキツイ状態なのに、鳴り止まないセンサーに追われ、介護士はどんどん疲弊していってしまうのです。

ワキタさんのように、認知症の方のなかには、暴力行為や、暴言、徘徊、便・尿の失禁など、一般常識に反するような行動をしてしまう方が少なくありません。認知症が原因になっていることが多いので、ご本人に責任があるわけではないのですが、介護者にとっては大きな負担となるので、かつては「問題行動」と呼ばれていました。けれども、認知症の方がこれらの行動をするのは、なにか原因があるのではないか、あるいは、介護者になにか伝えようとしているのではないかと考えられるようになり、最近は「問題行動」とは呼ばず、「BPSD※（認知症の行動・心理症状）」と呼ぶようになっています。私たち介護士も、暴力・暴言・徘徊などには、すべて意味や理由があると考えて介護を行う必要があるということです。

けれども、新米介護士だった私は、このころまだ、そのことがよくわかっていなかったのではないかと思います。

介護士とご利用者さんのあいだには、好ききらいとは別に、相性もあると思っていた私は、そのころ、ワキタさんと自分は相性があまりよくないのだと考えていました。ほかの介護士の言葉には反応してくれるのに、私が同じ言葉を言っても反応してくれなかったり、怒鳴られたり怒られたりしていたからです。

そのうえ、私が夜勤の日は特に、ワキタさんはほとんど寝てくれません。一晩中、寝ようとしないワキタさんを支えながら、ユニットの外廊下をひたすら往復した夜は、数えきれないほどでした。私もワキタさんも歩き疲れ、やっと寝てくれるかな？と思ってお部屋に誘導し、寝ていただいて「よかった」と胸を撫でおろしたのも束《つか》の間。またセンサーが鳴り、急いでお部屋を訪ねると、布団の上で放尿していたり、起き上がるなり頭を壁に打ちつけたり、そんなワキタさんを制止しようとすると暴力を振るわれたりしていたのです。

日中も、ワキタさんがいるユニットで私が勤務していると、尿取りパッドを脱いで部屋のなかで立ちションしたり、暴力を振るったり、興奮して転んだりする回数が増えるのです。私は、そのたびに報告書を書いたり、記録をつけたり、ご家族に転んでしまったことを報告したり謝罪したりで、多忙を極めていました。

なんで私のときは寝てくれないの？　なんで殴るの？　なんでトイレで排泄してくれないの？最初のうちは「病気だから」と思っていても、どんどん苦手意識が強くなって、ついには「ワキタさんとは関わりたくない」と思うまでになってしまいました。

あぁ、今日はワキタさんのユニットでの勤務だ。今日一日、何事もなく、早く無事に終わってく

※ＢＰＳＤ：Behavioral and Psychological Symptoms of Dementia の略。

れますように……。

そんなことを考えながら仕事をするのは、ものすごいストレスです。ワキタさんが立ち上がるたびに、「なんで座っていてくれないの!?」と、イライラするようにもなっていました。そんな自分のイライラに苦しんでいた、ある日の休憩中のことです。

ワキタさんがいる1番地ユニットでリーダーをしていた若い男性介護士と、ご利用者さんのなかで誰が好きか、誰が苦手かという話になりました。「苦手な人は?」と聞かれて、真っ先に浮かんだのはワキタさん。そこで「私は、ワキタさんが苦手だな」と、初めて打ち明けました。

すると彼は、「えっ、なんで? 俺、ワキタさんが一番好きだよ」と言うのです。暴力は振るうし、寝ないし、平気で放尿するし、突然、しかも頻繁に、立ち上がったり歩きだしたりして、ぜんぜん気が抜けない人なのです。だから当然、みんなもワキタさんは苦手だろうと思っていた私は、驚いて「えーっ、なんで? どこが好きなの?」と思わず聞き返してしまいました。

すると彼は、「あの人、いつもブツブツ『たまご、たまご』って言ってるでしょ。それって、毎日、卵焼きを作っていたからなんだって。『1等!』とか、いきなり大声で叫びだすのは、競馬が趣味で、一人でよく競馬を見に行っていたから、らしいよ」と言うのです。

ワキタさんの生活履歴を見ても、そんなことはどこにも書かれていなかったので、そんな話を聞くのは初めてでした。

「なんでそんなことを知ってるの?」と聞くと、「あの人、結婚してなくて、妹さんが第1連絡先なんだけどさ。妹さんも高齢だし、親でもないから、あんまり面会に来ることはないんだよね。だけど、この前、たまたま妹さんが面会に来たときに聞いたんだよ。それで俺、ワキタさんが『たまご、たまご』って言ったときに、『今日はもう売り切れましたよ』って言ってみたんだよね。そしたら『えーーっ！　くっそーっ！』って言ってさ、本当に悔しそうな顔したんだよね、すごくかわいかったよ」と言ったのです。

ワキタさんが言っていることには、きっと意味や理由があるはずと思っていたのに、苦手意識があった私は、その意味や理由を探ろうとも、必要以上にコミュニケーションを取ろうともせず、いやだと思うことばかりに目を向けていました。彼の素敵な部分、愛おしいと感じられる部分を探そうなどとは思いもせず、担当になった日は、「とにかく転ばずに、何事もなく一日が過ぎますように」と願い、夜勤のときは「頼むから寝てくれ」と、そればかり祈っていたのです。

それなのに、そのことを教えてくれた若手男性介護士は、「なんでワキタさんはいつも同じようなことを言うのだろう。なにか理由があるのかな？」と考えて、ワキタさんとの関わり方を見つけ出していたのです。反省しました。

そこで私は、まずは彼を真似てみようと決め、ワキタさんが「たまご、たまご」と言ったら「今日は残っていますよー」とか、ワキタさんが「負けたー！」と大声を出したときは「ワキタさん、今日はいくら負けたの？」などと話しかけてみることにしました。

すると、「今日は1億負けた」と、本当に心底、悔しそうな顔をして話すワキタさんを見ることができたのです。私が「今日は、たまごを買っておきましたよ」と声をかけると、「ありがとう」と言って笑ってくれたりもします。ご家族や、介護士仲間から話を聞く大切さを痛感しました。

それからは、いままで読み取ることができなかったワキタさんの表情が少しずつ読み取れるようになり、会話すらできなかったワキタさんと会話ができるようにもなっていったのです。それにつれて苦手意識が薄れてきて、私のなかに、ワキタさんを愛おしむ気持ちが自然と芽生えてきました。

相変わらず暴力を振るわれたり、介護を拒否されたりしていました。暴言もあれば、放尿やヨダレ、突然の立ち上がりや夜間の不眠も、それまでどおりでした。それでも、ワキタさんに対する気持ちが変化したため、私はもう、いら立ったりストレスを感じたりすることはなくなっていました。

ワキタさんが放尿しても「やられたー」と笑い、「もう少しこっちだったら最高だったんだけどなあ、今日は布団の上かぁ」と言って、笑うことができるようになったのです。私が、「せめてこっちでしてほしかったなー」と笑いながら言うと、私の顔を見ながらワキタさんも笑います。なにを言われているか、理解していたわけではなかったと思いますが、私が笑うと、笑い返してくれるようになったのです。そんなとき、ワキタさんの表情はいつも穏やかでした。

苦手なご利用者さんや、苦手な介護を乗り越える方法

ショートステイで働いていたときは、苦手なご利用者さんがいても、ご利用期間が終了すればお

別れとなります。どんなにいやでも、それまでの辛抱。どんなにいやな思いをしても、どうしても好きになれない方がいても、その間、我慢していればいいのです。

けれども特養は違います。どんなに苦手な人がいても、避けることはできません。暴力を振るう方、暴言を吐く方、セクシャルハラスメント的なことをする方などがいても、長いお付き合いを覚悟しなければなりません。その方が、介護士を悩ませなくなるのは、その方の機能が低下したとき、あるいは病院に入院されている期間、またはご逝去されたときだけだからです。

そのため、ショートステイでご利用者さんと接していたときは、どこかお客さんをおもてなししているような感覚があったのに、特養に来てすぐ、その感覚はなくなってしまいました。

一日9時間労働で、1時間休憩があっても、特養に入所している方とは、一日8時間ほど、ほぼ毎日、関わりをもつのです。自分の家族や友だちより長い時間をともに過ごすので、おたがいの距離感は、よくも悪くもどんどん縮まっていきます。

ショートステイのときと違い、長い時間、一緒に過ごさなければならないから苦手意識が芽生え、終わりが見えないからこそストレスを感じたりするのでしょう。

でも逆に言えば、長い時間をともに過ごすからこそ、その方のいい部分や、かわいらしい部分に気づくことができるのです。その方の人生を理解することができるようになると、苦手意識が薄れ、愛おしいと感じられるような変化が生まれてくると、ワキタさんから教わりました。

ワキタさんに対する苦手意識がなくなってからは、ワキタさんの行動や性格から、次にワキタさんがどんな行動を取るか推測できるようになり、事故が起きる頻度も少なくなっていきました。

そしてそれは、「やっぱり私は特養に来てよかった。ご利用者さんのことをもっと知りたいし、もっと愛情をもちたい。自分の選択は間違っていなかった」と、自身の決断への自信につながっていったのです。

昨日より今日のほうが、ご利用者さんとの距離が近くなり、それにともなって、おたがいのあいだに信頼関係が構築されていく。その感覚は、ショートステイで働いていたときには得られなかったもので、とても不思議な感覚でした。


私が、イライラせずに、放尿したり暴力をふるったりするようなご利用者さんと接することができたのは、ご利用者さんが他人だからでもあるのでしょう。

前にも書いたように、昨今、老々老介護や自宅での介護で、介護者が高齢者を虐待していたというニュースが世間を騒がせることが少なくありません。

虐待してしまう方を擁護するわけではありませんが、親を自宅で介護していたら、私も間違いなくイライラしたり、暴言を吐いたり、乱暴な態度を取ったりしてしまうのではないかと思います。なんでもできていた若いころの親を知っているため、老いて認知症の症状が出てきた親を受け止めることが難しいのではないかと思うのです。

親を施設に入れるなんて……と考え、自分で面倒を看ようとがんばってしまう気持ちはよくわかります。けれども、老いて認知症の症状が出てきた親を自宅で看るのは、本当に大変です。親にとっても、子どもにとっても負担が大きすぎるのではないでしょうか。「介護したい、しなければ」という思いは、肉親への愛情でしょうが、その愛情が自分を苦しめ、その矛先が肉親に向いてしまうことだってある。愛情が、そんな形に変化してしまうのはとても悲しいことです。

本書を読んでくれている方で、親の介護に苦しんでいる方がいるなら、どうか一人でがんばらないでほしいと思います。他人の手を借りるのは少しも恥ずかしいことではありません。

地元の「地域包括支援センター」や、自治体の「福祉課」に連絡すれば、相談に乗ってもらえるし、いろいろなサポートが利用できます。双方にとっての最善は、絶対にあるはずです。家で介護をしている人は、一人で悩みを抱えることのないようにしてほしいと、心から願っています。

苦手といえば、私のように、ご利用者さんのヨダレや言動・行動に苦手意識を感じるという人もいると思いますが、排泄介助、つまり下の世話、おむつ交換が苦手と感じる方は、もっと多いような気がします。

とくにご家族を介護している方にとって、下の世話は第一関門となるのではないでしょうか。汚いと思ってしまったり、臭いが気になったり、ご家族の性器を見るのがいやだったり、いろいろな葛藤があると思います。

そういう気持ちがわいてくるのは、仕方がないことです。健康なころの姿を知っているから余計に、歯がゆさや、悲しみ、いら立ちなど、いろいろな思いがわいてくるのでしょう。

そんな気持ちになったときは自分を責めず、介護をされている方の気持ちに、できるだけ寄り添ってもらいたいと思うのです。排泄をコントロールできず、下の世話をしてもらうことになったご家族が、どんな気持ちでいるか、少しでいいから考えてあげてほしいのです。

そして、自分がなぜ下の世話をするのが苦手なのかも、考えてほしいと思います。自分がなにを苦手と感じているかを知ることは、とても大切です。自分の気持ちがわかれば、克服しなければならない問題点がはっきり見えてきて、どうしたらその問題を克服できるかを考えることができるからです。

実は、介護士のなかにも、下の世話をすることに苦手意識のある人がいます。そういう人に私は、「これは全部、食べたもののカスだから汚くはないのよ」と話したり、「性器は誰の体にもある。あなたにもあるでしょ?」と言ったりしていました。

「慣れ」もあります。何度もやっていると、おむつ交換が上手になり、早くできるようになります。おむつ交換のタイミングがわかるようになれば、それだけでかなり負担を軽くすることができます。臭いが気になるなら、換気をこまめにしたり、消臭剤を置いたりしてください。介護用おむつにはいろいろな種類があるので、その方の状態に合ったものを選ぶことも大切です。

ちなみに、わたしたち介護士は、ご利用者さんに便通があれば、「よかった、よかった」と言ってスタッフ全員で喜ぶようにしていました。便が出なかったら、それこそ大事《おおごと》だからです。そうやって喜んでいると、不思議なことに苦手意識がだんだんと薄れてきます。

苦手だ、苦痛だと思っているなら、嘘でもいいから、「よかった、よかった。健康な証拠だ」と口に出して言い、無理矢理でいいので笑ってみてください。


男性のご利用者さんのなかには、女性の介護士から「あの方は苦手」と言われてしまう方がいます。横柄な方、女性を見下している方、いやらしい人が少なくないからです。自分でできるのに「できない」と言って、命令口調で女性介護士に身支度などをさせる方もいれば、女性介護士の体に触ってくる方、排泄介助をするたびに、卑猥《ひわい》なことを言ってくる方もいました。男性は、いくつになっても、自分が男であることを忘れないようです。


「俺は、あんな、ばあさんはイヤだ。もっと若いのがいい」と言ったりする男性に対しては、「自分だって、おじいちゃんなのに、なにを言っているの」と言うと、「そうだった。忘れてた」なんて返事が返ってきたりして、一緒に笑い合っていました。介護士の教科書からすればそのような声かけはNGなのですが、信頼関係があれば、そんなことを言っても本気で怒る人はいません。

不思議なもので、信頼関係が築かれていると、いやだと思う行為でも愛おしく思えるようになるし、どうやって対応していいのかわからないようなときでも、軽く受け流したり、笑えたり、時にはツッコンだり茶化したりして、一緒に笑ったりすることができるようになるのです。

だけどもちろん、度を越してはいけません。「距離が近いこと」と「馴れ馴れしくすること」は違います。そこを、はき違えてはいけないのです。何度も言いますが、私たちが接しているのは人生の大先輩であり、ご家族にとっての大切な方です。

その線引きはとても難しいのですが、私は、「ご家族の前で同じことを、同じような口調で言えるか」を基準と考えていました。それを意識して、その線を崩さずに冗談を言ったり、笑い合ったりして楽しむのです。

自分のなかで信頼関係の築き方や、受け答えの基準が明確になってからは、どんなご利用者さんに対しても、本当に困ったり、イヤになったりしたことは一度もありませんでした。

そういえば、男性のご利用者さんでは、こんなこともありました。

夜勤中に各お部屋を回って、生存や安全の確認を行う「巡視」と呼ばれる勤務をしていたとき、90歳目前の方の自慰行為を目撃してしまったのです。最初は、なにをしているかわからなかったので、ソーッとお部屋に入って、苦しんでいるのかと思って声をかけてしまいました。自慰行為をしていると気づいたと同時に目が合ってしまい、おたがい気まずい思いをしました。

性欲をつかさどる男性ホルモン（テストステロン）は、人によって分泌量が違うため、年を取って枯れる人もいれば、枯れない人もいます。高齢者の性の問題がタブー視されがちな日本では扱いにくい問題ですが、特養のご利用者さんのあいだで、恋愛感情のようなものが芽生えることも、それほど珍しいことではありません。欧米には、恋愛感情をもった二人が、二人だけで過ごせる部屋を用意している老人施設もあるそうです。いくつになっても、人を恋しく思ったり、好きな人と触れ合いたいと思ったりするのは、自然なことなのでしょう。

それがいいことかどうかはわかりませんが、女性は、歳を重ねると女であることを忘れてしまうのか、男性に興味を示す方は少なく、卑猥な発言などもほとんどありません。女性は男性に比べると、テストステロンの分泌が少ないのですが、これも人によって大きく違うので、高齢になった女性でも分泌量の多い人がいます。

老いたら枯れるのが当たり前とされている日本ですが、実際は、男女ともに枯れない人もいる。介護者は、そういうことも理解しておいたほうがいいでしょう。


ここでついでに、男性のご利用者さんと、女性のご利用者さんの違いについても、お話ししておきましょう。

男性と違って女性は、自分なりの楽しみを見つけるのが上手で、コミュニケーション能力も高い方が多くいます。洗濯物を畳んでくれたり、ご飯を茶碗によそってくれたり、積極的に働いてくれる方も少なくありません。かぎ針編みを教えてくれた方もいました。

毎日、大好きだという男性アイドルのビデオを観ている方、毎日、日記を書いている方などもいて、体が多少、不自由になっても、認知症になっても、女性はまわりをよく見ていて、誰かと仲良くなったり、職員と他愛ない話をして笑い合ったりして、楽しそうに過ごしている方が多いのです。

それに比べて男性は、おしゃべりが苦手で趣味もない、という方がかなり多くいらっしゃいます。

ショートステイでも、時間をもて余してしまうのか、日がな一日、テレビの前に座って、黙って野球、相撲、競馬などを観ているだけ、という方が珍しくありませんでした。

ですから男性には特に、高齢になる前に趣味をもつことをお勧めします。将棋とか囲碁とか麻雀とか、カラオケとか、なんでもいいのですが、人と一緒に楽しめることがいいと思います。

重度の認知症を患っていたのに、認知症でない方と囲碁をすると必ず勝つという方がいました。たぶん、若いころから囲碁を楽しんでいたのでしょう。相手を選ばず、誰とでも仲良く囲碁を打っていた姿が忘れられません。

ユニット型の特養でも、共同生活の部分がかなりあります。ご利用者さん同士、仲良く心地よく過ごせるよう、高齢者施設を利用する前から、人と仲良くすることを意識しているといいのではないでしょうか。最期まで人と関わりながら、自分らしく生きることが大切なのです。

江戸っ子タヌマさんの不思議な習慣

さて、話を元に戻しましょう。

二度目に勤めたその施設で働き始めて、早いもので10年以上が過ぎました。これまでに、何人のご利用者さんと出会い、別れがあったでしょう。数えきれない数のご利用者さんと関わり、ともに過ごし、数えきれないほどの方の最期と向き合い、お見送りをしてきました。

「お見送り」とは、「お看取り」のことで、詳しくは第7章でお話ししますが、特養では、最期の時が近づいたら無理な延命は行わず、ご利用者さんが尊厳を保ちながら、自然に最期を迎えられるようケアしていくことを指します。

特養は終の棲家なので、ご利用者さんの多くが、ここで最期の時を迎えるのです。私たち介護士は、その方たちと最期まで向き合ってお見送りするのですが、お見送りはいつも悲しい。その方がいなくなってしまうことがさみしくて、入職してから何年ものあいだ、私は、お別れが来るたびに泣いていました。

ショートステイで働いていたとき、初めてご利用者さんの死と関わり、娘さんから言われた「母の死から学んでほしい」という忘れられない言葉。それからも私は、たくさんのご利用者さんとの出会いや別れのなかで、多くのことを教えていただいたように思います。

忘れられないご利用者さんが、たくさんいます。

その方たちのなかで、特に忘れがたい方のことをお話ししたいと思います。

タヌマさんと出会ったのは、特養で働き始めてすぐのころでした。しゃべり口調は、いわゆる「べらんめえ調」で、見た目も、いかにも「江戸っ子です!」という雰囲気のおじいさんです。身長は私よりも小さく、いまにも転びそうなほど不安定に見えるのですが、ゆっくり、えっちらおっちら歩かれます。

最初にお目にかかったとき、「初めましてタヌマさん。村上と申します。これから、よろしくお願いします」と挨拶をすると、「なんだよ、お前は」とニコリともせずに言われ、ちょっと怖い方なのかな?と思ってしまいました。

90歳を過ぎていたタヌマさんは、認知症の症状が歳相応には出ていたものの、会話はしっかりできるし、話しかけると返事もしてくれます。だけど、いつも面倒くさそう。

自分から話しかけるときや、介護士になにかを頼むときなどは、「おい」とか「よう」とか「おう」などと言って呼びつけます。提供される食事が気に入らないと、「こんなまずいもの食えるかよ」と言ってお皿を放り投げたりもします。

いつもフェイスタオルを、ねじり鉢巻きのように額に巻きつけ、3番地ユニットのリビングで、いつも同じ椅子に座って腕組みをし、脚を組んでふんぞり返っていて、基本的に無愛想です。

歩くことはできるものの、長い距離を移動することが難しいタヌマさんは、ときどき車椅子を使います。ところが、車椅子に乗っているときでも、脚を組んで腕組みをしてふんぞり返っているのです。いまにもずり落ちそうになっているのに、偉そうな姿勢だけは崩さないのです。

そんなタヌマさんですが、私の祖父と雰囲気が似ているところがあったのでなんとなく気になり、目で追っているうちに私はすぐに好きになり、日に何度も話しかけるようになりました。けれども、「タヌマさん」と声をかけても、なぜか反応が鈍いのです。

そのことをタヌマさんのご家族にお話しすると、「じいちゃんは、『タヌマさん』なんて、もう何年も呼ばれたことないからね。『じいちゃん』って言えば返事をしますよ」と教えてくれました。そこで試しに「じいちゃん」と呼んでみたら、「なんだよー、お前は」と言って笑顔を見せてくれたのです。

介護の世界では、「おじいちゃん」や「おばあちゃん」など、ご利用者さんを「ちゃん付け」で呼ぶことはしません。自分の祖父母でもないのに、そんな呼び方をするのはいかがなものかというだけでなく、ご利用者さんの尊厳を損なう呼び方だとされているのです。けれどもタヌマさんは、「タヌマさん」と呼ぶよりも「じいちゃん」と呼ぶほうが反応がよく、機嫌もよくなります。そこで、ご家族の承諾のもと、「じいちゃん」と呼ばせていただくことにしました。

「じいちゃん」と呼びかけると「なんだよ、またお前かー、うるせえな」などと言いながら、それでもニカッと笑ってくれます。「ねじり鉢巻き、カッコいいねえ」と言うと、「おめぇにそんなこと言われてもうれしかねぇよ」と言いながらも、またニカッ。私は、その笑顔がとても好きでした。

このじいちゃん、本当に自由人でした。

「お茶！」と言うので提供すると、「ぬるい！」と言って床に吐き出し、湯呑みのなかのお茶まで床に撒いてしまいます。熱いものを出しても同じ。そのとき彼が「ちょうどいい塩梅《あんばい》だ」と思う温度と濃さで出さないと、すぐにお茶を撒いてしまうのです。お茶だけでなく、痰も平気で床にペッと吐き出します。日に何回も吐き出したり撒いたりするので、そのたびに床を拭いていたら、じいちゃんのまわりの床だけピカピカになって、職員で大笑いをしたことがありました。

「床には、お茶や痰を吐かないでくださいね、誰かが滑って転んだら大変ですよ」と言うと、「そうかぁ、ごめんよ。誰かが転んだら大変だよな。わかったよ」と言ってくれるのですが、２分もしないうちに忘れて、また吐いたり撒いたり。

認知症という診断はされていなかったけれど、90年も脳を使ってきたのです。歳相応の認知機能の低下は当然のこと。だから、忘れてしまうのは仕方ない。だけど、そもそもなんで床にお茶を撒くんだろう？ そんな習慣でもあったのかな？

そう思って、保管されているタヌマさんの生活履歴が書かれた書類をもう一度よく見直してみたら、タヌマさんは、かつて工事現場などで仕事をする人たちの親方だったのです。

もしかして、現場仕事でお茶を撒いていたのかと思い、ご家族に聞いてみたところ、工事現場では、飲み残したお茶などを地面に撒くのは普通のことだと教えてくれました。

納得！ それまでは「じいちゃん、床に撒かないでー。誰かが滑って転んだら大変なんだよ〜」と、何度も何度も話していたのですが、じいちゃんにとって床に撒くのが普通のことだったのです。いい悪いはともかく、何十年もそうやって生活してきたのです。

それからは、じいちゃんにお茶や水分を出したときは、職員間で声かけをして、みんなでこまめに確認することにしました。お茶を出したら、じいちゃんが口にするまで職員が待っていたり、飲まないようなら湯呑みを遠ざけたりするようにしたのです。完全に撒くのを止められたわけではありませんが、これだけで、回数をかなり減らすことができました。

じいちゃんに変わってもらおうとするのではなく、じいちゃんのすることを受け入れて、私たちが変わればいい。じいちゃんを注意するのではなく、じいちゃんがお茶を撒かずにすむような環境を作ればいい。そういうことが大切なんだ。そういうふうに環境を整えていけばいいんだ。

じいちゃんとの出会いで、このことに気づいてからは、問題が起きるたびに、「私たち介護士がケアの方法を変えることで、問題を解決できないか」を第一に考えるようになりました。


もう一人、私たちが対応を変えることで、変わってくれたご利用者さんのことをお話ししておきましょう。

毎朝、3時になると起きてしまうウキタさんという、認知症のおばあさんがいました。3時になるとお部屋の扉がガラガラと開き、「おはよう」と言いながらウキタさんが出てきます。「まだ3時ですよ。もう少し寝ていていいんですよ」と言っても、必ず起きてしまうのです。どうしてそんなに早く起きてしまうのか。みんなで考え、できるだけ夜遅くまで起きていてもらうようにしてみても、3時になるとやっぱり起きてきます。

眠りが足りていないウキタさんは、日中は車椅子に座って寝ていることが多く、職員がちょっと介助すればトイレだって自分で行けるのに、寝入ってしまうからか、しばしば尿取りパッドが排尿でずっしり！

どうしたものか。「夜間、ぐっすり眠ることができれば、昼間は起きていてもらえるんだけどなぁ」と考えていたとき、ご家族から、ウキタさんはかつて寮母で、毎朝3時に起きて、寮生の朝ご飯を作っていたのだと聞きました。

そこで、ウキタさんが3時になって起きようとしたら、「ウキタさん、今日はもう朝ご飯、作ったよ」と言ったり、「おにぎりを用意したから、今日は朝ご飯の支度をしなくても大丈夫よ。明日はお願いね」などと言ってみたりすることにしました。効果てきめん。ウキタさんは、「ああ、よかった」と言って、布団に戻って、寝てくれるようになったのです。

認知機能の低下があったウキタさんだからできたことかもしれませんが、これも私たち介護士がケアの方法を変えることで、問題が解決できた一例といえるでしょう。

どのようなケアをしたらご利用者さんに無理をさせたり、不快な思いをさせたりすることなく、ご利用者さんの尊厳を守った介護ができるのか。どうしたらご利用者さんが自分でできることを増やしていけるのか。

それを考えることは、介護をするうえでとても大切だと、私はずっと考えてきました。そこに介護職としての専門性があると思っていたからです。

それは、ご利用者さんのためだけでなく、介護士の負担を軽減することにもつながっています。

何度も、トイレ介助や尿取りパッドの交換をしなければならなかったり、徘徊したり、転んだり、寝なかったり、暴力を振るわれたりすることが続けば、介護士は、どうしてもハラハラドキドキすることになります。転倒などの事故が起きれば、介護士はその事後処理にも追われます。そうなれば、介護士もついイライラしたり、腹を立てたりしてしまうのですが、介護士がそのような状態になると、ご利用者さんの尊厳を守ることが疎《おろそ》かになりがちです。快適な生活を送ってもらうことが難しくなり、信頼関係を築くことも難しくなってしまうのです。

前にも書いたように、ショートステイでは、ご利用者さんに合ったケアの方法を見つけても、それを継続していくことが難しいのですが、特養は基本的に、ご利用者さんが「最期まで過ごす場」。長いお付き合いができる場です。

だからこそ特養では、その方の状態や生活習慣、残っている機能に合わせて、介護士を悩ませるような行動をしてしまうご利用者さんの行動を、できる限り減らすような、あるいは、大事にならずにすむようなケアの仕方や支援の方法を見つけ出し、それを継続していくことができます。それができれば当然、その効果が出て、ご利用者さんの生活や介護士の働き方も、明るい方向へと変わっていきます。

長いお付き合いができるからこそ継続的なケアができて、ご利用者さんと介護士のあいだに、よい関係を築くことができる。それが、特養の大きな利点なのです。

とはいえ、特養にも限界はあります。

ご利用者さんは、一人ひとり生きてきた背景も生活リズムも異なっているので、朝の5時に起床する方もいれば、10時に起床する方もいます。可能な限り、その方に合わせた生活を提供したいと思っても、私の働いていた施設では、衛生面から、食事をとっておける時間は2時間以内と決められていたので、2時間以内に起きて、食べていただかなければなりません。

食べ物のことを言えば、夏場には、寿司や刺身を提供することも難しくなります。食中毒が起きたら命に関わるからです。ほかにも、飴は喉に詰まりやすいので、ご家族から差し入れたいと言われてもお断りする決まりになっていました。

「当施設では自分らしい生活ができます」と謳《うた》っていても、職員が「ご自宅にいるときのようにままに生活してほしい」と願っていても、ご利用者さんの希望をすべて叶えられたかというと、正直、難しいことが少なくありませんでした。

私たちは、「決まりだから守らないといけない」と考えていたのですが、ご利用者さんは「施設だから仕方がない」とあきらめていたのだと思います。

これはショートステイでも特養でも同じこと。自宅で過ごしていても、すべてやりたいことができるわけではないのだからと考え、私も、自分に言い聞かせてきました。「自宅じゃないのだから、仕方がない」と。

けれども、それと同時に、こうも思っていました。

「施設だから、他人だから、私たちだから、できることがあるはずだ」と。

ご本人が混乱することのないよう配慮しながら、私たち介護士や職員は、「もっとご利用者さんが安心して、その人らしく穏やかに過ごせるようにできないか。もっとこの方に合ったケアや支援の方法があるのではないか」と考え、試行錯誤しながら、さまざまなケアをしていました。それがうまくいけば、ご利用者さんの生活を豊かにすることができるからです。

私がそのことを実感したのは、まだ特養で働き始めて日が浅いころ、お茶を撒いてしまうタヌマさんと出会ったからでした。私は、「その方のことを深く知れば、その方に合わせたケアの方法を見つけることができる。そのうえでケアを行っていけば、その方の生活を豊かにすることができる」と、タヌマさんと関わるなかで実感し、そのことに深い感動を覚えたのです。

介護をしていると、私たちには理解できない行動をしたり、ひどいことを言ったりするご利用者さんと関わることは少なくありません。そんな方に対して、疑問やいら立ちを覚えている人は、ぜひ、もっとその方のことを知ってほしいと思います。

その方は、なぜ私たちからすれば奇妙としか思えない行動をするのか。なぜ、普通なら言わないようなことを言うのか。私たちにはわからなくても、そこには必ず理由があります。私たちが、それを知らないだけかもしれないのです。

高齢の方の場合は特に、その理由を知るヒントは、その方が生きてきた歴史のなかにあります。その方がなぜそのような行動をするのかがわかれば、「そういうことか」と納得できるだけでなく、その方を身近に感じたり、愛おしく感じたり、苦手意識が薄れたりします。

私たちはいつも、自分の印象や思い込みだけで相手を判断し、苦手になったりきらいになったりしてしまいますが、相手のことが理解できると、その気持ちに変化が起きるのです。

タヌマさんがお茶を撒く理由がわかったあと、ほかの職員にそれを伝えると、それからは、タヌマさんがお茶を撒くと「タヌマさんのおかげで、床はいつもきれいだね～」と、みんなで笑い合えるようになりました。私だけでなく、タヌマさんに対する職員みんなの気持ちが変化したのです。

「介護の仕事をしているなんて偉いね。私には絶対できない。大変でしょうねえ」

「はじめに」でも書きましたが、よく言われる言葉です。

確かに、介護の仕事は楽しいだけではありません。

前述したように、排泄介助に抵抗を感じる人もいるでしょうし、介護されることに拒否感がある方に、殴られたり、罵倒されたりも、ないわけではありません。

そういえば、以前、こんなことを言っていた友だちがいました。

「親が年を取ってきて、同じ話を何度もしたり、変に口うるさくなったりして、本当にイヤになる。老人なんて大きらい」

わからないわけではありません。私たち介護士だって、仕事だと思っていても、人間だからイラッとすることはあるし、「なんだよ!」と思うことだって、ないわけではありません。

それでも私は、気のもちようだと思うのです。イライラしたときや、疲れているときこそ、あえて笑ってみる。笑って「あ～あ」って言う。「またやっちゃったね」と言って笑ってみる。タヌマさんのように理由がわかるときもあれば、わからないときもあります。それでも、笑ってしまえば、イヤな気持ちなんてどこかへ行ってしまうし、困った出来事さえおもしろく思える。私はそのことも、タヌマさんに教えてもらったように思います。

実際、私は、タヌマさんが床にお茶やコーヒーを撒くので困っていたけれど、一度もイヤな気持ちになったことはありませんでした。

真夜中の風呂場に響く歌声

とにかく自由人だったタヌマさん。そういえば、こんなこともありました。

施設での入浴は週に2回。就寝前は人手が足りず、入浴介助を行うことができません。夜は看護師もいなくなるので、血圧の変動などがあると危険ということもあります。そのため、ご利用者さんに入浴していただくのは、日中と決まっていました。

その日は入浴日ではなかったのですが、タヌマさんはお風呂に入りたかったのでしょう。就寝前から「今日は風呂に入るんだよ」と言っていたそうです。

お風呂に入れてあげたくても、人員は足りないし、ほかのご利用者さんのこともあります。タヌマさんの体調も心配だし、なにより夜の入浴は、私がいた施設では前例がありませんでした。そのため、職員が「明日にしませんか」と言うと、タヌマさんは一応納得して就寝されたそうです。

その日の夜のことです。夜間勤務だった私は、2つのユニットを一人で看ていました。夜間は一人で2つのユニットを担当するので、私が一方のユニットにいると、もう一方のユニットは介護士がいない状態になります。

タヌマさんがいないほうのユニットのご利用者さんにナースコールで呼ばれ、その方に対応して戻ると、共同で使用することになっているリビングからナースコール。夜中の2時です。

「みんな寝ているはずなのに。もしかして…オバケ？？？」と思い震えていると、「おーい、誰かいねぇのか～」という声が聞こえてきました。

この声は!? 急いで行ってみると、タヌマさんが、寝ていたはずの布団から抜け出し、リビング前の真っ暗な通路に置かれているベンチに、一人で座っていました。

なんと全裸で。

驚いて、思わず「ぎゃーーーー！」と叫んでしまいました。

なに食わぬ顔で、「うるせぇな」と言って私をたしなめるタヌマさん。

少し落ち着きを取り戻し「どうしたんですか？」と聞くと、ケロッとした顔で「風呂に入るんだよ」とおっしゃる。私は大爆笑。それから少し考えました。

この時間に、お風呂に入れてあげてもいいのかなあ。誰もやったことがないけど……。今日は、ほかのご利用者さんが比較的落ち着いているから、できないことはないかな。でも、お風呂に入ってなにかあったらどうしよう……。

入浴をあきらめてもらったほうが安全なのはわかっていました。

だけど、いま寝かせようとしても、タヌマさんは絶対に寝ない。お風呂に入れてあげれば、きっと寝てくれる。それなら、お風呂に入れてあげたい……。

散々、迷ったあげく、携帯電話で上司に状況を報告すると、看護師に意見を聞くこと、看護師が許可しても絶対に注意を怠らないことを条件に、入浴介助を行うことを許可してくれました。私がいた特養では、夜間や緊急の場合、連絡が取れるよう、夜勤者は専用の携帯電話を持っていたのです。

上司とそのようなやり取りがあったことを、施設にはいないものの、緊急時には対応できるよう待機している看護師に電話で連絡します。看護師もやはり、専用の携帯電話を持っているのです。看護師に事情を説明すると、看護師からも許可が下りました。そこで私は、もう一人の夜勤の介護士に事情を話し、ほかのご利用者さんの見守りとナースコールが鳴ったときの対応を頼みました。

私が入浴介助に入れば、ご利用者さんがみな寝ているといっても、もう一人の夜勤者は4つのユニット、タヌマさんを除く計39人を一人で看ることになります。そのことを考えれば、このときの私の対応が正解だったとは言いきれません。

それでも私はお風呂に湯を溜めながら、タヌマさんにいつもと違った様子はないか、血圧、脈拍（心拍）、呼吸、体温などに異常はないかを確認して、入浴介助に入りました。

こんな時間に入浴させるのだから、事故だけは絶対に起こしてはいけないと、緊張しながら入浴介助をしている私の心情も知らず、浴槽に入ったタヌマさんは「いい湯～だな～　あは～ん♪」と、満面の笑みで歌っており、上機嫌です。

たまたま見に来た、もう一人の夜勤者と一緒に大爆笑！

お風呂に入るまでの対応は大変だったけど、やってやれないことはない。やってよかった！

ここまで喜んでくれるのなら、入浴介助をした甲斐があるってもんです。ほっこり、優しい気持ちになりました。


待望の風呂から出たじいちゃんは、そのあと、ぐっすりと朝まで眠ってくれました。

じいちゃんの介護をするなかで起きた事件は、それだけではありませんでした。私ではなく、ほかの職員が夜勤をしていた朝方のことです。ほかのユニットから戻ると、リビングでテレビを見ていたはずのじいちゃんがキッチンにいて、腰に手を当て、まるで牛乳かビールでも飲んでいるかのような姿勢で、一気に食器用洗剤を飲んでいたというのです。

口からシャボン玉が出ていたそうで、あわてて牛乳を飲んでもらって事なきを得たのですが、これは完全な事故扱い。私たちの不注意で起きたことです。

私たちがご家族に平謝りしたことは言うまでもありません。それでも、タヌマさんのご家族は、ご本人の性格や起こりがちなリスクをしっかり理解してくださっていたし、私たちのことを信頼してくださっていたので、笑顔で許してくださいました。それでも、いま思い返しても、ゾッとするような出来事でした。

タヌマさん事件が起こったあとのことです。職員全員で、ちょっとでも危険なものは、「すべて隠す」を徹底するべきかどうかを、話し合うことになりました。

危険なものはすべて隠す。それは、「安全」を考えれば、正しいことなのでしょう。私たちは日常生活のなかでも、たとえば幼子《おさなご》がいたり飼い犬がいたりすれば、起こるかもしれない危険を想定して、危ないものは手の届かない場所に置いたり、鍵のかかる場所に入れたりします。

けれども、私たちが接しているのは幼子ではありません。人生を生き抜いてきた高齢者です。特別養護老人ホームは終の棲家だと何度もお伝えしてきましたが、終の棲家とは、その方たちが最期まで過ごす「家」でもあるということです。

人が住む家には、生活するのに必要な、さまざまなものがあります。私は、危ないからといってすべてを隠すのはいかがなものかと思い、どうしても納得できませんでした。

それにまつわることで、こんなことがありました。

認知症の症状の一つに、特定の物を集める「収集癖」があるのですが、その症状が出ていたご利用者さんがいました。ある日、出勤して、ご利用者さんのヨダレを拭こうとしてティッシュペーパーを探したのですが、いつもあるはずの場所にありません。

そばにいた別のご利用者さんに「ここにあったティッシュペーパー、どこに行ったか知りませんか?」と尋ねると、「そうなのよ、朝ご飯のときからなかったのよね」というお返事。

そこへ、席を外していた職員が戻ってきて、「あー、ティッシュならここに置きましたよ」と言って、キッチンの上の棚を指差したのです。

「なんでこんな、誰も手の届かないところに置いたの？」と聞くと、「○○さんが、いつもティッシュを持っていっちゃうんですよ。だから、すぐになくなっちゃうの。異食につながったりすると危険なので、ここに置きました」と、当然のことをしたという顔で答えます。

「異食」とは、これも認知症にはありがちな症状の一つで、食べ物以外のものを食べてしまうことをいいます。その職員は、ティッシュを集める癖のあるご利用者さんがいるため、ティッシュがすぐなくなってしまうし、その方が異食をしてしまうリスクもあるからと考え、事故を未然に防ぐつもりで、ティッシュをご利用者さんの手が届かないところに置いたのでしょう。

いけないとは言いきれません。危ないから手の届かない場所に置くという気持ちも、わからないわけではありません。けれども私は、モヤモヤした気持ちになりました。

私たちが接しているのは高齢の方であり、ここはその方たちにとっての「ご自宅」です。普通の家なら、当然あるはずのティッシュがない。ティッシュが必要になったら、ご利用者さんはそのつど、職員に声をかけて取ってもらわなければなりません。それは、ご利用者さんにとってどういう意味をもつのでしょう。自分がもしここで暮らしていたら、どう思うでしょう。

私は「いやだな」と思いました。自分の両親が「自宅」と思って暮らしている施設に、普通にあるはずのものがないとしたら。「無駄になるから」とか「危ないから」という理由で、ティッシュすら自由に使えないとしたら。そこで暮らす人の尊厳が守られているといえるでしょうか。

私たちが普段、暮らしている家のなかには、使い方を誤れば危険なものや、一見、無駄と思えるようなものがたくさんあります。そのようなものが一切ない、安全や合理性を優先させた殺風景な家に、私たちは住みたいと思うでしょうか。これを読んでいるみなさんはどう思われるでしょう。ティッシュが自由に使えるかどうかなんて、小さいことかもしれません。でも私は、そんな小さな一つひとつが、とても大切なのではないかと思ったのです。

食器用洗剤を飲んでしまった自由奔放なじいちゃんが巻き起こした騒動をきっかけに、私たち職員は何度も話し合いをくり返しました。「危ないものはすべて隠したい」という職員たちと意見を戦わせることになったのは、私が、モヤモヤをそのままにしておくことができなかったからです。

さまざまな意見が飛び交いました。それでも結局、私たちは、危険を防ごうと思うなら、まずは自分たちの動き方や介護方法を見直そう、つまり「危険なものをすべて隠すという方法は取らない」という選択をしました。

まだまだ未熟者だった私は、困ったことが起きたときの対応の仕方だけでなく、特養におけるリスク管理のあり方についても、いろいろ考え、ここでもまた大きな学びを得ることになりました。それだけでなく、介護士にとって最も大切な、「対応方法の引き出し」をいっぱいにしてもらった気がしていました。

じいちゃんとの別れ

入浴介助を真夜中にしたことからもわかるとおり、私の職場は、比較的やりたいと思ったことができる職場でした。

なにかをしたいと思えば、計画をしっかりと立てたり、ほかの部署に話を通したり、準備はすごく大変だし、やることはたくさんあるけれど、比較的なんでもできました。

ほかの施設では、ご利用者さんのお誕生日会を催したりしているようですが、私は、誕生日のお祝いはケーキを出す程度にしてお誕生日会を廃止。その代わり、「その方の好きなことをする」と決め、「スカイツリーに行きたい。昔、行ったうなぎ屋に行きたい。カラオケに行きたい」などという希望を聞いて、一人ひとりをお祝いすることにしていました。

これも、ほかの施設でもやっていると思いますが、お正月には初詣に行ったり、施設のご利用者さんが「〇〇が食べたいな～」と言えば、職員が下見に行ってお店の人と相談したうえで、外食レクリエーションとしてラーメン屋さんに行ったり、出前をとってみたり。板前さんを呼んでお寿司を提供するなども、定期的にしていました。

晩酌好きなご利用者さんと盛り上がって、居酒屋を開催しようということになったときは、施設内でおでんや枝豆などを用意。メニューまで作って、1日だけの居酒屋を開店。普段はあまり食欲がなく、食事の時間を楽しめずにいたご利用者さんも、メニューを見て自分で選んだものは食べてくれて、みんなで楽しむことができました。

最近は増えているようですが、私のいた特養は、ご家族の許可があれば晩酌もできたので、居酒屋ができたわけです。ご家族や看護師が不安そうな顔をすると、「90歳で晩酌するなんて、カッコよくないですか？　楽しみにしていらっしゃるので、飲み過ぎないよう注意しながら、楽しんでもらいたいんです。なにか心配ごとがあれば、それについては、みんなで考えていきましょう」などと言って説得していました。

タバコも、吸いたいという方がいたら、喫煙所にお連れしていました。これにも、もちろんご家族の許可が必要ですが、「健康に悪いといって反対されるから家族には言えない」というご利用者さんがいれば、職員からご家族に話して、許可してくださるようお願いしていました。

健康に悪いから、施設だからといって我慢してもらうより、残りの人生を、できるだけ自由に楽しく過ごしてもらうことのほうが大切だと、私は考えていたのです。

自分の親が施設に入ったら、こうしてもらいたい。自分なら、こうやって過ごしたい。

振り返れば、私の物事の基準はいつもそこにありました。

介護に正解はありません。どんなときでも正解は、ご利用者さん自身がもっているのです。ただ、「自分なら、自分の親だとしたら」と考えることで、いろいろなことに自分事として向き合い、考えられるような気がしていました。

居酒屋をやったり、ラーメン屋さんに行ったり、ご利用者さんとは、いろいろなことを一緒に楽しみましたが、タヌマさんとの関わりのなかで、忘れられない思い出として夏祭りがあります。

普段はあまり楽しそうな顔をしないタヌマさんですが、施設で毎年、行われる夏祭りのときは違いました。いつもしているタオルのねじり鉢巻きを、いつも以上にキュッと結び、これまたいつもどおり、車椅子の上で脚を組んだまま「なーに、やってんだ！　ほら早く行くぞ！」と言って、車椅子を押している私を急かすのです。

「早く押せ！」と言って私を怒っているうちに、じれったくなったのか、タヌマさんは「俺は行くぞ！」と言い放つと、組んでいた脚をおろして自分の足で車椅子を漕ぎ出しました。「筋力アップになるから、自分で漕いでくださいよ」と頼んでも、普段は絶対にやらないくせに……。私は、またまた大笑いでした。

そうやってたどり着いた会場で、楽しそうに祭り囃子《ばやし》を聞きながら、「焼き鳥が食べたい」と言って、たくさんの焼き鳥を頬張っていたタヌマさんの姿が、いまでもはっきり思い出せます。

その後も元気で過ごしていたじいちゃんですが、歳には勝てるはずもなく、状態が悪くなって何度か入院するようになってしまいました。

じいちゃんが大好きだった私は、じいちゃんが入院すると必ずお見舞いに行っていたのですが、お見舞いに行くと、じいちゃんはいつも、ナースステーションの前で車椅子に座ったまま、腕組みをして看護師さんと一緒に過ごしています。

看護師さんに「どうしてここにいるんですか？」と聞くと、「タヌマさんは、少しもじっとしていなくて、車椅子で動き回るんですよ。危ないから、ここで私と一緒に過ごしてもらっているんです」というお返事。

じいちゃんらしいな。これなら大丈夫だ。お世話をしてくれている看護師さんには申し訳なかったのですが、じいちゃんの健在ぶりを見て、うれしくなったのを覚えています。

それでも、90をとっくに過ぎていたじいちゃんです。月日を追うごとにだんだんと体力が衰えてきて、疲れやすくなり、食欲もなくなってしまいました。病院に行ったものの延命の話になり、ご家族は「これ以上の延命はしない」という決断を下しました。「最期は施設で」とおっしゃってくださったので、私たちは、日々弱っていくじいちゃんに寄り添って過ごしました。

しばらくするとじいちゃんは、起きる気力もないような状態になり、食べることもいやがるようになりました。私たちは、せめてもと思い、じいちゃんの好きなカルピスを含ませたスポンジで、口を湿らしてあげたりしていました。

亡くなる時期は誰にもわからないのですが、食欲がなくなってくると、その時の近いことがわかります。最期が近いと思われるご利用者さんが「食べたくない」と言えば、私たちは無理になにかを勧めたり、食べさせたりするようなことはしません。ご本人が食べたいと言うものを、食べたいときに食べたいだけ、食べてもらうようにしていたのです。

これを読んでくれている方で、介護に携わっている方は、ご利用者さんに「がんばってこれだけは食べましょう」とか「がんばってたくさん食べてね」などと言っていませんか？　働き始めた最初のころ、私も「がんばって、がんばって」と、食事のたびにご利用者さんを励ましていました。

あるとき、食事に関する研修のなかで、管理栄養士の人が、こんな話をしてくれました。

「みなさんは、生きるうえで楽しみなことはありますか？　誰かと会うことだったり、趣味を楽しむことだったり、いろいろあると思いますが、食べることが楽しみという方もきっとたくさんいるでしょう。多くの人にとって、食事は楽しみなのです。

施設で働いていると、ご利用者さんが食べているときに、職員の方が『がんばって食べてね』と声をかけているのを、よく耳にします。みなさんにお願いです。『がんばって』とは、言わないでください。食事を、『がんばらなければいけないこと』にしないでほしいのです」

ハッとしました。

私たちは、友だちと会ったり、遊びに行ったり、旅行に行ったり、たくさんの楽しみをもっています。でも、高齢の方はどうだろう。同世代の友人は亡くなっていくし、体はいうことをきかなくなるし、いままでできていたことが、どんどんできなくなっていくのです。だからでしょう。施設にいるご利用者さんのなかには、「楽しみがなかなか見いだせない方」が少なくありません。

食事はがんばるものではなく、楽しみでもあるのですから、その楽しみを介護者が奪ってはいけないのです。

「食べたくない」と言われたら、理由を考えて対応すること。

「食べたくない」と言われたら、食べたくなるように工夫をすること。食事を楽しんでもらえたら、笑顔が引き出せたら最高だということ。

その管理栄養士さんの話を聞いてから、私はずっとこのように考えてきました。

そのため私は、「食べたくない」とじいちゃんが言えば、どんなに食べてほしいと思っても、絶対に無理強いはしませんでした。

私たちは、お部屋のなかにじいちゃんの好きな歌手の歌を流したり、夏祭りのときうれしそうに聞いていた盆踊りの曲を流したりしながら、手が空けば、みんなでじいちゃんの部屋に行って話しかけていました。

やがて、寝ている時間が増え、食事も摂らなくなって何日かが経過しました。かろうじて日に数百ccの水分だけを摂っている状態です。それでも意識はしっかりしていて、ときどき「○○が食べたい」と言います。私たちはそれをご家族に伝え、ご家族が持ってきてくれたら、少しだけ口に含ませてあげたりしていました。

タヌマさんが終末期に入っても、私たちの施設では、点滴や酸素吸入などの医療行為は行いません。これは、「看取り介護」と呼ばれる終末期ケアです。もちろん、ご家族の同意を得てのことですが、ご利用者さんが穏やかで自分らしい最期を迎えられるようにと行われていることで、最近は、この看取り介護をする施設が多くなっています。

数日後、看護師や嘱託医から、「タヌマさんはもう、いつ亡くなってもおかしくない状態です。

ご家族と過ごす時間を大切にしてあげてください」と告げられました。本当に、いよいよかもしれない。じいちゃんのことが大好きだったので、すごく悲しくて、やるせない気持ちでした。

それなのに、間が悪いことに、私はちょっと用事があって、数日間、勤務を休むことになっていました。用事を済ませて出勤するまで、もうじいちゃんは、もたないかもしれない。もしかしたら、生きているじいちゃんを見るのは、今日が最後かもしれない。そう思いながら、その日の勤務を終えたあと、じいちゃんに会いに行きました。

「じいちゃん」と声をかけると、「なんだよ、またお前か」と、弱々しい声ではあるけれどしっかり言って、にっこり笑ってくれました。

「じいちゃん、私ね、明日からちょっと用事があってお休みするの。3日後には帰ってくるから、それまで待っていてね」と手を取って言うと、また「なんだよ～」と言って、手を握り返してくれました。

用事を済ませている最中も、気になって気になって、同僚からじいちゃんのことで連絡があるかもしれないと、何度も携帯電話を確認していましたが、じいちゃんが亡くなったという知らせはありません。そして3日後。出勤時間より早く出勤して、真っ先にじいちゃんに会いに行きました。

じいちゃんはもう話せなくなっていて、呼吸をするのもつらそうでした。けれど手はまだ温かく、「じいちゃん」と声をかけると、かすかに目を開けて、目で返事をしてくれたような気がしました。

そして、その日の午後、ご家族みんなが見守るなかで、じいちゃんは旅立っていきました。

「うるさいな！」とすぐ怒るくせに、賑やかな場所が好きだったじいちゃん。寂しくなくてよかったね。みんながいてくれて、よかったね。私が帰ってくるまで待っていてくれたんだと、思っていいよね。ありがとうね、じいちゃん。

心のなかでそんなことを思いながら、ご家族が「お父さん」「おじいちゃん」と呼びかける声を聞いていました。

あぁ、そうだ。私にとってのタヌマさんは、誰かのお父さんであり、おじいちゃんなんだ。お父さんとして家族を守り、おじいちゃんとして孫をかわいがってきた人なんだ。

何度も何度も自分に言い聞かせてきた当たり前のことだけれど、タヌマさんに呼びかけるご家族の声を聞きながら、また改めて、そのことを思っていました。

介護士として施設で働いていると、なぜかそのことを忘れてしまいそうになるのです。いま目の前にいるその方の、いまの状態にしか目が向かなくなってしまうのです。

けれど、それではいけない。その方には、その方なりの歴史があり、生きてきた背景があり、築きあげてきたものがあって、大切な人がいる。その全部が、いまここにいるこの方なんだ。そのことは、絶対に忘れてはいけない。

タヌマさんを呼んでいたご家族の声は、いまでも私のなかに残っています。

タヌマさんが亡くなってからしばらくは、悲しくて悲しくて、もっと一緒にいたかった、もっとしてあげられることがあったのではないか、そんなことを思うたびに泣いていました。

そんな私を見ていた先輩職員から、言われたことがあります。

「タヌマさんはきっと、村上さんを待っていたんだと思うよ。私は長年、介護の仕事をしてきて思うんだけど、亡くなる人ってね、自分が亡くなる時を選ぶんじゃないかと思うの。村上さんは、タヌマさんのことが大好きだったから、それが伝わっていたんだと思う。よかったね、最期に立ち会うことができて。いま村上さんが感じている悲しみや後悔は、タヌマさんが教えてくれたことだよね。これからは、いまいるご利用者さんに、タヌマさんから教わったことをしてあげようね」

先輩職員に慰めてもらいながら、私は、学生のころ、実習で知り合ったシンさんのことを思い出していました。「また来ます」と約束したのに、数か月後に会いに行ったら亡くなっていたシンさん。あのとき感じた深い後悔……。

時は、誰にとっても平等に流れているけれど、私たちが、当たり前に来るであろうと思っている明日や明後日、来年や再来年は、お年寄りにとっては、もしかしたら来ないかもしれない未来なのです。

改めてそれを感じ、ご利用者さんとの時間をもっともっと大切にしよう、もっと深く、もっと思いやりをもって関わっていこうと、胸に刻みました。私が、そのような気持ちになれたのは、タヌマさんのおかげでした。タヌマさん、じいちゃん、本当にありがとう。

いまもふんぞり返って座りながら、ハチマキをして笑っているかな。ゆっくり休んでね。

第7章

後悔しない看取りを目指して

ご家族に最期まで嘘をつかれていたオノダさん

ご利用者さんが亡くなるたびに、私はいつも、ああすればよかった、こうすればよかったと考え、後悔しながら泣いていました。

その後、ユニットリーダーを経てフロアリーダーとなり、ワンフロア40人のご利用者さん全員に対して責任をもつ立場になって、介護に関わって10年以上が過ぎたころから、いつの間にか泣かなくなっている自分に気がつきました。

なぜだろう。慣れてしまったのかな？

そう考えて、ちょっと不安になった私は、仲のいい看護師に「私、なんで泣かなくなったんだと思う？」と聞いてみました。

「昔はさあ、村上さんって、誰かが亡くなると必ず、『もっとこうしてあげたかった、もっとできることがあったんじゃないか』って言ってたよね。だけど、最近はそれを言わなくなった。村上さんのケアを見ていて思うんだけど、後悔することがほとんどなくなってきたからなんじゃない？」

彼女の言うことを聞きながら考えてみて、自己満足かもしれないけれど、確かに、「やれることは全部やった」と思えることが多くなっていると気づきました。そのせいか、亡くなられたご利用者さんに対して、「お疲れ様でした」と言えるような気持ちになっていたのです。

看取りは、ご利用者さんが入所してきたときから始まっています。その方が好きな食べ物はなにか、どんな音楽が好きか、毎日をどんなふうに過ごしたいと思っているか。ご利用者さん一人ひとりをよく知り、その方の気持ちや意志を大切にして過ごしていただけるよう心がけていれば、看取りの時がやってきても、できることはたくさんあります。

日光浴が好きだった方のときは、ベランダに車椅子を出して、ご家族と一緒に日光浴をしてもらいながら、ご家族だけで過ごす時間を作ってさしあげました。花が好きだった方には、施設の庭や公園からいろいろな花を摘んできては、お部屋に飾ってさしあげました。胃瘻《いろう》※をしていて、ずっと口から食べることができずにいた方には、ご家族の同意を得て最後にほんの一瞬だけ、蜂蜜を口に含ませてあげたりもしました。

なにをしてあげたらいいかわからないときは、なにが好きだったか、どんなことを喜んだか、ご家族にいろいろと聞いて、できるだけのことをしてさしあげようとしてきたのです。

看取りは、ご利用者さんのご家族とともに迎えることがほとんどです。よい看取り、後悔しない看取りをするためには、ご利用者さんだけでなく、ご家族とのコミュニケーションがとても大切です。ご利用者さんに寄り添うだけではなく、ご利用者さんのご家族にも寄り添う。それができれば、後悔のないお看取りができるのではないかと思っています。

この章では、私がそのように考えるにいたったご利用者さんの死について、そして、その死に、

※胃瘻：手術で腹部に小さな穴を開け、胃に直接、栄養を注入するためのチューブを取り付ける医療措置。

ご家族がどのように向き合っていたかについて、お話しさせていただきます

施設に入所する方、そのご家族の方には、それぞれ、さまざまな事情があります。

オノダさんは、入所したとき80歳ぐらいでしたが、70歳ぐらいにしか見えない、とてもお元気な方でした。特に認知機能の低下もなく、笑顔がとても素敵なおじいさん。自分のことは、ほとんど自分でするし、できる方。職員にも気を遣ってくれる、優しい方でした。

けれどもオノダさんは、施設に入所するとき、ご家族に本当のことを話してもらえないまま入所してきた方だったのです。

施設への入所は、ご家族が希望しても、ご本人がいやがるケースが少なくありません。ご本人が認知症で「施設に入りたくない」と言う場合は、言い方は悪いのですが、ご家族がその場しのぎのウソをついて入所させるケースがかなり見受けられます。

「最近、お母さんは自分のことができなくなってきたでしょ。心配だから、しばらくここにいて、リハビリをしてもらってね」とか「この前、家で転んだでしょう。ここは病院だから、早く治してもらって、また家に帰ってきてね」とか。

認知症になっている方の多くは、入所時に家族から言われたことを忘れてしまうので、あまり問題になることはありません。

ご本人の気持ちを考えると胸が痛むけれど、それは、私たち介護士や職員が立ち入れる問題では

ないので、ご家族から「本人はここが施設であることは理解していますが、元気になれば自宅に帰れると思っています」とか、「本人にはなかなか言い出せなくて……、だからここは病院だと伝えています」などと言われると、私たちは、そのつど、そのご利用者さんへの対応方法を考え、検討し、みんなで対応していきます。

オノダさんの場合も、そのケースだったのですが、オノダさんは認知症ではありませんでした。短い距離なら歩けるし、話せるし、食べることも問題なくできる方。介護を必要としているような方ではなかったのです。

そのため、ご家族から「しばらくここで過ごしてほしい」と言われた言葉を信じ、それまで利用していたショートステイと同じだろう、家にいても暇だし、数日すれば、また家に戻れるだろうと考えていたのだと思います。

そのようなオノダさんは、入所後、ほかのご利用者さんや職員と気軽に言葉を交わし、職員が忙しくしていると、職員に代わってほかのご利用者さんを見守ってくださったり、大好きな落語を披露してくださったりして、ユニットのムードメーカー的な存在になっていました。

ときどき、職員に「俺はいつごろ帰れるのかな?」と聞くことがあっても、「もう少しここで過ごしていただけませんか」とか「オノダさんがいなくなったらさみしいな」と言うと、少しうれしそうに笑って「ありがとう」と言い、それ以上、尋ねてくることはありませんでした。

やがて、いつ帰れるのかと聞かれることもなくなったので、私たちは「この施設のことを、それなりに理解してくれているのでは？」と思い、ご家族が面会に見えたとき、「本当のことをお伝えしたほうがいいのではないですか」とお話ししました。

ところがご家族の返事は「でも、いまも『帰りたい、帰りたい』と言って、『いつ帰れるんだ？』って聞かれました。もう家には帰れないなんて、私たちの口からは、とても言えません」というものでした。

そこで初めて私たちは、オノダさんが私たちになにも言わないのは、気にしていないからではないこと。いつ帰れるかと聞くと、私たちがちょっと困った顔をするのを敏感に察し、気を遣って遠慮していたこと。聞きたい気持ちを抱えながら、我慢していたのだということを知りました。

ご家族の気持ちもわからなくはないけれど、オノダさんの気持ちを考えると、すごく切なくなりました。

その後も、ご家族はオノダさんに本当のことを告げることはなく、オノダさんが、私たち職員に「家に帰りたい」とか「いつ帰れるんだ？」と尋ねることもなく、面会に来たご家族にも、次第に「帰りたい」とは言わなくなったと聞きました。

それで、「もうきっと、オノダさんは受け入れてくれたのだ、ご自分で気持ちに整理をつけてくれたんだ」と、私たちは勝手にそう解釈していました。

ところがあるとき、なにげなく記録を見ていて、オノダさんの食事の量が、だんだん減ってきていることに気づきました。あれ？　どうしたんだろう。

オノダさんは、私が担当していたユニットのご利用者さんではなく、協力ユニットのご利用者さんだったのですが、その日から、ときどき気になって、オノダさんの食事量の記録や、日々の観察記録などを見ていると、食事量がどんどん低下していっているだけでなく、ご自分のお部屋から出てくる時間もどんどん減っていることがわかりました。

オノダさんに、「食欲がないのですか?」と話しかけると、「そんなことないんだけどね、食べられないんだよ」とおっしゃって、ご自分でも首をかしげています。食べられるものがあれば少しでも食べてほしいと思い、オノダさんのご家族に、オノダさんの好きなものを差し入れてくれるよう頼んだり、見た目でも楽しんでいただけるよう、食事の盛り付けを工夫したりしながら、職員みんなで、小まめに声をかけるようにしていたのですが、食事の量は減る一方。

そのうちに、まったく食べない日が出てきました。このままでは、まずい。そう思って「なにか食べたい物はありませんか?」と聞くと、「麺が食べたい」とおっしゃるので、その日から毎日、職員がオノダさんだけに、ある日は素麺、ある日は稲庭うどんと、目先を変えながら、麺類をお出しする日々が始まりました。

最初のころは、「ここでも茹でたての麺が食べられるんだなぁ。うれしいなぁ。ありがとう」とおっしゃって食べてくれたのですが、だんだん残したり食べても吐いてしまったりすることが増えてきて、そのうちまた、まったく食事を口にしない日が出てくるようになってしまいました。

オノダさんはまだ80歳をちょっと過ぎたぐらい。老衰で亡くなるほどのお歳ではなく、体の調子が悪いとか、ここが痛いなどと訴えることもなかったのです。それなのに、とうとう食べ物を口に運ぶこともなくなり、そのせいで体力が落ち、最後は自分で立つことすらできなくなってしまいました。そして、入所して半年が過ぎたころ、痩せ細った状態で息を引き取られてしまったのです。

ご家族は、「病気が治ったら家に帰れる」とオノダさんに伝え続け、結局、最期まで、本当のことを伝えることはありませんでした。

オノダさんがなぜ食べられなくなったのか。どこか具合が悪かったのか。ご家族もオノダさんも、病院に行くことは望まなかったので、本当のところ、どうだったのかはわかりません。

それでも私は、「もしかしたら精神的なことが原因で、食べられなくなってしまったのかもしれない。自分がなぜここにいるのか、なぜ自宅に帰れないのかわからないことが、オノダさんの衰弱の原因だったのかもしれない。ご家族が本当のことを話してくれないことに強いストレスを感じていたのか、どこかで、自分は捨てられたと感じていたのではないだろうか」と考えずにはいられませんでした。

けれども、もし本当にそれが原因だったとしても、私たちに、いったいなにができたでしょう。

ご利用者さんにとっては本当の家族より、私たちにとっても自分の家族より、毎日ずっと一緒にいるのに、どんなに情がわいても、私たちは家族のような存在にはなれないのです。

どんな関わり方をすればよかったのか。どうすれば正しかったのか。答えはわからなかったけれど、オノダさんの死は、私にとって、自分の無力さを痛感させられる出来事でした。

いま、もしまた、オノダさんのような方が入所してこられたら、私はなんて声をかけたらいいんだろう。どんなケアをしたらいいんだろう。ご家族に、本当のことを話してあげてほしいと、もっと強く言って説得するべきだったのだろうか……。

ご利用者さんのことは、その方と深く関わり、深く知っていけば、少しは見えてくるところがあります。けれども、オノダさんのことがあってから、私は、それだけでは足りないと思うようになりました。ご利用者さんだけでなく、ご利用者さんのご家族と、もっと深く関わりたい。ご家族にもっと私たちの意見を伝え、ご家族と一緒に悩み、ケアの方法を考え、ケアの質を高めていきたい。そう思うようになったのです。

ご家族の存在は、ご利用者さんにはもちろんですが、介護を仕事としている私たちにとっても、大きな存在です。わかり合えれば心強いし、介護をしていても自信がもてるようになり、もっと、その方に適した介護ができるようになります。反対に、わかり合えないままであれば、どこか不安で、介護をしていてもやるせない気持ちになったりするのです。

私は、介護職に就く前、キャバクラという対人関係が最も大切な仕事をしていて、そこで多くを学んでいたので、介護職に就いても、人間関係で悩んだことはほとんどありませんでした。多くのご利用者さんのご家族に信頼していただけたおかげで、大きな不安を抱えることなく仕事ができていたのです。それでも、オノダさんは、ご利用者さんのご家族との関わりが大切であることを、改めて私に気づかせてくれた方でした。

介護士を信用していなかったご家族のこと

もう一人、ご家族との関わりの大切さを教えてくれたご利用者さんについて、お話ししたいと思います。

サカイさんは以前、うちの施設の6階にあるショートステイを利用していたのですが、そのままスライドして、私がいる特養に入所してきた方でした。

私がいた施設では、ご利用者さんの緊急連絡先として登録されているご家族の方を「キーパーソン」と呼んでいたのですが、サカイさんのキーパーソンは娘さん。サカイさんが入所してからというもの、娘さんは毎日、面会が始まる朝の9時から面会時間終了の夜7時まで、つねにサカイさんに付き添っていました。介護に対して非常に熱心なキーパーソンだったのです。

キーパーソンのなかには、私たちが連絡したり相談したりしても、なかなか動いてくれなかったり、少しも親身になってくれなかったりする方もいます。そのような場合、私たちはキーパーソンの変更をお願いしていました。介護士がご利用者さんをケアしていくうえで、キーパーソンは非常に重要な存在だからです。サカイさんの娘さんは、その点からいえば、理想的なキーパーソンでもありました。

ところが、入所前に知らされる連絡事項には、サカイさんのご家族からの要望として、車椅子に座っているときは落ちないようにベルトで体を固定し、ベッドには柵（「サイドレール」ともいう）を

4点付けてほしいと記載されていたのです。

介護用ベッドでは、ご本人の希望やケアのやり方から柵をまったくしないこともありますが、私がいた施設では、ベッドで寝ている人の上半身をカバーする程度の幅の柵を、通常はベッドの両側に1つずつ取り付ける「2点柵」にしていました。2点柵なら、ご利用者さんはご自分の意志で、自由にベッドから降りられるからです。

けれども、ベッドの両側に隙間なく、4つの柵をつける「4点柵」にしてしまうと、ベッドで寝ている方は、ご自分ではベッドから降りられなくなります。

厚生労働省が定めた「介護保険法」では、車椅子にベルトで体を縛りつけることも、自分では降りられないようにベッドを柵で囲うことも、虐待につながる「拘束」とされ、命の危険があり、ほかに代替策がない場合でなければ、厳重に禁止されている行為です。

やむを得ず拘束した場合は、身体拘束をしているあいだは、毎日、記録を取り、施設の組織全体で、少しでも拘束を解けないかを十分に協議・検討することが義務づけられていて、年に数回は、施設全体で拘束を避けるための研修を行うことも義務づけられています。医療の

ベッドに付ける4点柵

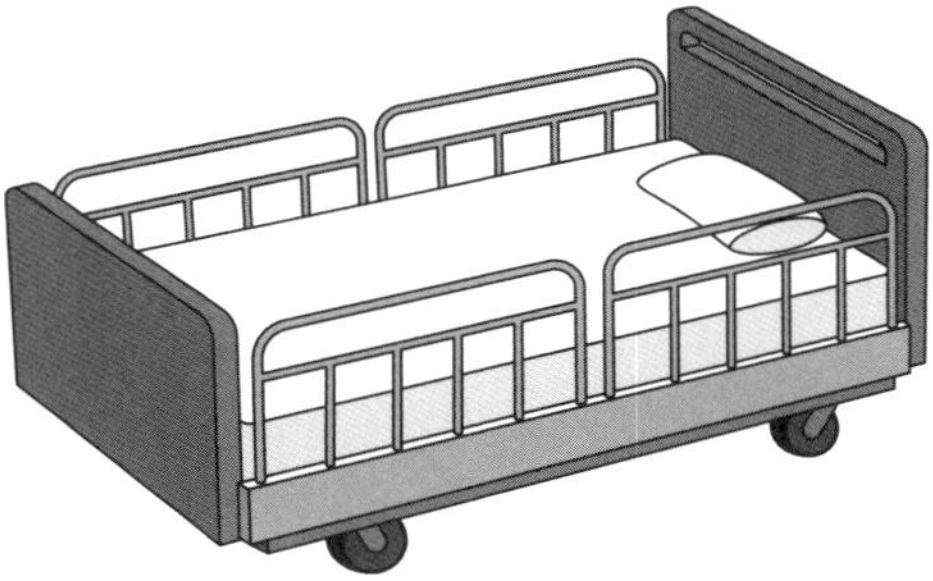

現場と違い、介護の現場では、拘束は法によって、それほど厳しく戒《いまし》められている行為なのです。

入所してきたサカイさんは、家族がそんな要望をしてくることが信じられないほど、穏やかなおばあさんでした。ときどき言葉を発するものの、しっかりとした会話は難しく、自分で立ったり歩いたりすることも困難で、車椅子の上で暴れるなどということもありません。ベッドでは、モゾモゾ動くことはできるものの、自分の力で寝返りを打ったり、一人で起き上がったりすることもできなくなっていました。

ですから、車椅子での拘束も、ベッドに4点柵を取り付ける必要もなく、拘束が必要なほどの緊急性もまったくなかったのです。それなのになぜ？　と思って、ご家族にそれとなく、うかがってみました。

「うちのおばあちゃんは、車椅子にしっかりと座ることができなくて、長時間、座っていると、だんだんずり落ちてきちゃうんです。介護の方も大変だと思うし、ショートステイのときもベルトを使っていたので、今後も使用してください」というお返事。ベッドの4点柵は、「万が一、ベッドから落ちたら大変だから」ということで、結局、娘さんの希望どおり、車椅子でのベルトも4点柵も、そのまま使用することになってしまいました。

ショートステイで対応していた職員からの情報では、毎日、サカイさんに付き添っている娘さんは、食事の介助も職員にまかせることはなく、すべて自分で介助を行い、ベッドの上で行われるおむつ交換のときはそばに付きっきりで、職員の動きを見ているとのこと。

それを聞いて、娘さんはお母さんのことが心配なのか、それとも介護職員を信用していないか、どちらだろうと考えていました。

そのころ、テレビや新聞で、介護職員によるご利用者さんへの虐待などが報道されていたので、ご家族や世間が、介護職員に向ける目は厳しさを増しているような感覚がありました。そのため、サカイさんの娘さんも、ひょっとしたらそれを心配しているのかもしれないと思ったのです。

ショートステイの相談員は、「サカイさんの娘さんは、毎日、サカイさんのところに来ているから、職員のこともよくわかっていて、『あの職員はあまり看てくれない』とか、『あの職員は不親切』など、ご家族の目線で見て、不満を感じることが多いのかもしれない」と話してくれました。

確かに。もし私が、親を施設に入所させたら、きっと職員の対応を見たいと思う。それで、職員の対応に不満や不安を感じたら、退所させて家で看ることはできなくても、できる限り一緒にいて、自分がいることで親を守れるのであればそうしたいと思うだろう。私も、娘さんと同じようにするかもしれない。そう考えたら、娘さんの気持ちが少しだけわかるような気がしました。

私がこれまで関わってきたご家族のなかには、職員に対しても施設に対しても、負い目を感じているようなところのある方が少なくありませんでした。本当なら自分たち家族が介護をするべきなのに施設に預けてしまっている、という意識があるのか、私たちに対して、気を遣ったり遠慮したりしているようなところがあるのです。そのせいか、介護士のケアに対して要望をはっきり口にしたり、直接、不満を言ったりするご家族はほとんどいませんでした。

そんなご家族に会うたびに、「私たちに気を遣ったり、遠慮したりする必要はまったくないのに」と思い、気を遣わせないようにしなければ、ご家族が言いたいことを言える環境を作らなければ、と考えていたのですが、サカイさんの娘さんのように、ご利用者さんに付きっきりで、介護士がすることを見ているというご家族に出会ったことはそれまで一度もありませんでした。

私たちは、恥ずかしい介護はしていない。安心してご利用いただける介護をしている。そう、自信をもって言えると思っていましたが、それがどうしたらご家族にわかってもらえるのだろう。

後輩の職員や、まだ経験の浅い職員のなかには、娘さんの視線に威圧されて、サカイさんと関わることを避けるようになってしまった人もいました。「緊張するし、自分のやり方がだめだと思われたらどうしようと思ってしまう」。おむつ交換のときも、「うまく交換できなかったらどうしようと考えて、不安になってしまう」などという声が、多くあがってくるようになったのです。

その気持ちはわかる。だけど、ご家族に見られて困ることなどやっていないのだから、見てもらえばいい。自分のケアに自信がないのであれば、練習すればいい。信頼してもらえるようがんばればいい。そう思いました。

そこで、後輩の職員たちに、「ご家族に見られていると緊張したり不安になったりするのは、自分の技術や対応力に自信がないからではないか。自信がもてるようになれば、緊張することも不安になることもなくなるはず」と話し、「時間を見つけて、みんなで、介護技術のレベルアップを目指して、勉強会や介護技術の練習会をしよう」と提案して実行。

ご利用者さんをベッドや車椅子から移動させる際に必要な、移乗・移動介助のやり方。食事を美味しく食べていただき、誤嚥などが起きないようにする、食事介助や口腔ケアの注意点の確認。ほかにも、排泄介助や、着脱・更衣介助の方法。ご家族との対応の仕方なども含め、改めて一緒に学んでいったのです。

後輩の職員たちの介護技術がレベルアップして、いろいろなことが上手にできるようになっていく姿は頼もしく、うれしいものでした。フロア全体に、活気が出てきたとも感じました。

それまでは機会がなかったこともあって、後輩を育てることにはあまり興味がなかったのですが、いつの間にか「後輩に教えるのは楽しいな。やりがいがあるな」と感じるようになっていました。

そのことに気づけたのは、サカイさんの娘さんのおかげと言ってもいいでしょう。

サカイさんの娘さんですが、接する機会が増えるにつれて、とても優しく頭のいい方だということがわかってきました。職員とも進んでコミュニケーションを取ってくれます。人を見る目があるのか、職員の介助の仕方や、ご利用者さんとの接し方などを見ていたからか、一人ひとりの職員の性格や癖まで、しっかり把握されているようでした。

こんなこともありました。私は休憩中だったのですが、用事があってユニットのリビングに入ったところ、娘さんに「トモちゃん、◯◯さん、トイレに行きたいみたい」と呼び止められました。

見ると確かに、○○さんがソワソワしており、トイレに行きたいご様子。ユニットにいるはずの職員は、ほかのご利用者さんの介助に入っていて、リビングには職員が誰もいません。

「ありがとうございます」と娘さんに言って、○○さんをトイレにお連れしたあと「すごいですね。よくわかりましたね。助かっちゃいました」と言うと、「あの身振りは、トイレに行きたいって身振りよね」と言って微笑んでいます。職員のことを見ているだけでなく、ほかのご利用者さんのことも見て、気遣いをしてくれていたのです。

施設に入るまで、お母さんであるサカイさんを自宅で看ていただけあって、介護の知識も少なからずもっていて、サカイさんのケアについて相談すると、娘さんなりに、こうしたい、こうしてあげたいと思っていることもよくわかりました。自分の考えをきちんともっている方だったのです。

サカイさんが入所したばかりのころ。「特養では、基本的に身体拘束は行っていません。それでも、私たちはまだサカイ様のことをよく知らないですし、ご家族のご意向でもあるので、4点柵と車椅子のベルトは、これまでどおり使用することにいたします。それでも、ゆくゆくは2つとも外したいと考えていて、それについては、必ずご家族様と相談しながら進めていきますので、よろしくお願いいたします」と申し上げたのですが、そのとき娘さんは「どうして外さなくちゃいけないんですか？」と言って、顔を曇らせていました。

それで、「これはなかなか、外すことに同意してもらえそうにないな。さて、どうしよう」と考え、まずは信頼してもらうことから始めようと思っていたのです。職員と、勉強会や介護技術の練習会をしたのも、その一環でした。

ほかにも信頼を深められることはないかと考え、気づいたことがありました。サカイさんには、つねに娘さんが寄り添っていて、食事の介助も娘さんがしてくれています。職員が介助する必要がないため、私たち職員は、積極的にサカイさんの介助に関わろうとはしていませんでした。

そこを改めていくことにしました。娘さんにおまかせするのではなく、ほかのご利用者さんと同じように、食事介助をしている娘さんの横でお二人を見守り、提案できることがあれば提案していこう。サカイさんと娘さんが、お部屋で二人で過ごしているときでも、サカイさんの様子をこまめに見に行こう。娘さんにまかせっきりにしないで、私たちを頼ってもらえるよう、みんなで心がけることにしたのです。

そうやって日々を過ごしていたある日、娘さんから「トモちゃん、明日から夕食前に帰ることにしようかと思うんだけど、大丈夫かな？」と尋ねられました。

娘さんはそれまで、面会時間になるとすぐにやって来て、サカイさんのお昼の食事介助が終わると、自分の食事のために一旦、帰宅するものの、昼食を済ませると、またすぐに戻ってきて夜ご飯の介助をして、7時の面会終了時間ギリギリまでずっとサカイさんに付き添っていたのです。夕食前にお帰りになれば、娘さんがサカイさんといる時間は、これまでより短くなります。

「大丈夫ですよ。サカイさんのことは、しっかり看させてもらいますから。なにかあったときは、すぐに連絡しますので」と答えると、「うん、職員さんはみんないい人で、ちゃんとやってくれていることはわかっているから。ありがとうございます。よろしくお願いします」とおっしゃったのです。

そして、これまでは、朝起きたら家の用事を急いで済ませて面会に来ていたこと。7時の面会終了後は急いで自宅に戻り、それから家族の夕食を作ったり、ほかの家事をしたりしていたこと。それ以外の用事は、昼食のために外に出る1時間ほどのあいだで終わらせるようにしていたことなどを、初めて話してくれました。

この話を聞いて、打ち明けてくれたことをうれしく思うより、恥ずかしくなってしまいました。

ご家族のなかには、高齢になった親を、看たくても看られない事情を抱えている方がたくさんいます。そのようなご家族に代わって、私たちはご利用者さんをお預かりして、ご家族の負担、不安、心配が少しでも軽くなるようにと、お手伝いさせていただいているのです。特養はそのための施設で、そのために私たち介護士がいるのです。それなのに、ご利用者さんばかりに目を向けて、ご家族の気持ちがわかっていなかったのではないかと思ったのです。

それからも変わらず、娘さんは毎日、面会に来ていましたが、「〇日は来られないの。おばあちゃんには悪いけど、久しぶりにお友だちと会うことにしたから」などと言って、自分のために時間を使うことが多くなっていきました。

信頼してくれたからこそ、まかせてくれるようになったのでしょう。ご家族との信頼関係って大切だなと、改めて気づかされました。

とはいえ、職員全員が、娘さんと信頼関係を築けたわけではありません。職員にも、いろいろな人がいます。言葉数が少ない職員、まだまだ介護技術が伴わず、ハラハラさせてしまう職員。そういう職員は、みんなでフォローしていくよう心がけました。

するとようやく、「この人たちがいれば大丈夫」と思ってくださったのでしょう。ある日、かたくなに、車椅子ベルトや4点柵を外したがらなかった娘さんが、「トモちゃんたちがそう言うなら、外してみようかな」と言ってくれたのです。

娘さんのその一言で、サカイさんの身体拘束はすべて終了となりました。外したあとは、娘さんの心配の種になっていたことを全員でしっかり把握し、十分な対策を講じていきました。

私たちが向き合う必要があるのは、ご利用者さんだけではないこと。ご家族の気持ちに寄り添って、ご家族の心配を少しでも軽くしていくことが重要なのだと、深くかみしめた出来事でした。

やがて、サカイさんのお看取りの日が近づいてきました。

サカイさんが入所したとき、娘さんは、サカイさんの状態が悪くなったら病院に搬送して延命処置をするようにと希望されていました。けれども、あるときから「みんながいる、おばあちゃんが大好きなここで看取りたい」と言ってくれるようになったのです。

イヤだと感じたときは、露骨に顔を歪めることもありましたが、いつもはニッコリ笑ってくれて、時には発語もあったサカイさんです。それでも、お看取りの日が近づくにつれて、だんだんと声を出すことが少なくなってきて、表情にも変化がなくなり、食事も食べられなくなってきました。サカイさんがそんな状態になって、寄り添っているのもつらかったはずなのに、娘さんはいつもサカイさんのそばにいて、ずっと笑顔で話しかけていました。

お看取りが終わったあと、娘さんはたくさん泣きながら、それでも笑顔で「よくしてくれてありがとうございました。すごく悲しいけど、もう悔いはない。おばあちゃんがこうなってから、いままでよりもずっと長い時間、一緒にいられたから。本当におばあちゃんは幸せだったと思う」と言ってくれました。

自分の時間を削ってお母さんに寄り添い、できることは進んで行い、私たちと一緒にケアについて考えてくれた、いまも忘れられないご家族です。

最期まで悩み続けたコシノさんのご家族

ここまでお話ししたことから、おわかりいただけると思いますが、私たちの施設では、「お看取り」と呼ばれる、医療的ケアをしない終末期ケアを行っています。そのため、私たち介護士は〝死〟というものを、いつも身近に感じています。けれども、ご家族にとって「親の死・家族の死」は、初めて経験する〝死〟であることがほとんどなのです。

そのことに気づくことになったきっかけは、入浴介助の際や、日々の関わりのなかで、ご利用者さんが年齢を重ねてきたことを悲しげにお話しになるのを、何度も耳にしていたことにありました。

自分の体を見ながら、「こんなに、しわくちゃになっちゃった」「もう筋肉なんてどこにもないよ」と言ったり、つまずきそうになったとき、「昔はさっさと歩けたのに、いまじゃもう、歩くことすらできなくなっている……」と言ったり。言い方や表現の仕方はさまざまですが、年齢を重ねたことによって、できなくなってしまったこと、体が動かなくなってしまったこと、昔とはまったく違ってしまった自分の顔や体形のことなどを嘆かれる方が多いのです。

あるご利用者さんの入浴介助をしていたときも、こんな話になりました。

浴槽に浸かりながら自分の腕や脚を眺め、撫でたり触ったりしていたご利用者さんが、「こんなにシワシワになっちゃって」とぽつりとおっしゃったのです。

「まだまだおきれいですよ」と言うと、「あなたも、私と同じ年齢になったとき、きっといま私が言ったことがわかるようになるよ」と返されました。

そのとき、「そうか、ここにいる方はみんな、初めての経験をしているんだ」と気がつきました。

私たちもご利用者さんも、毎年、誕生日を迎え、当たり前のように年齢を重ねているけれど、私の目の前にいるこの方たちは、いま初めて「老いていく自分」を経験しているんだ。私たちから見れば、おじいさんであり、おばあさんだけれど、最初からそうだったわけではない。動かなくなる自分の足も、シワシワになった自分の顔も、この方たちにとっては、なにもかもが初めての経験なんだ。これまで、まったく知らずにいたことを経験しているんだ。それって、すごく怖いことなんじゃないかな、と思ったのです。

ご家族も同じでしょう。老いていく自分の親を見て、おそらく多くの方が初めて〝死〟に直面しているのです。ご利用者さんが苦しむのと同じくらい、ご家族も苦しんでいるのではないかと思いました。私たちが看ているのはそういう方たちであり、そういうご家族なのです。

これまで、さまざまなご家族と出会ってきました。お身内の死を自然に受け入れ、自然な形で看取ろうとするご家族もいれば、悩み、苦しみ、最期までこれでいいのかと自問自答しながら、お身内の死を迎えるご家族もいます。

そのなかでも、忘れられないご家族について記そうと思います。


コシノさんは70代。まだまだお若い女性のご利用者さんでした。

肌ツヤがよく、ご利用者さんには見えないような方なのですが、難病の疾患を患っていて、認知症も、病院で診断されたわけではないようでしたが進んでいました。それに加えて下肢の可動域が狭く、股関節にも疾患があったため、車椅子での生活を余儀なくされていました。

息子さんが二人いましたが、二人ともまだ若く、当時30代の働き盛り。結婚もされていて、自身のことに忙しく、母親であるコシノさんの独居を支えることが困難になったので、私のいる施設に入所されることになったのです。

食べることと、テレビを見ることが大好きなコシノさん。認知症はありましたが、短期記憶が難しいだけで、職員や息子さんと会話することはできていました。新しくなにかを覚えることは難しくても、息子さんやお孫さんのこと、それから昔よくやったのでしょう、花札のことなどは、しっかり覚えていました。

息子さんはお二人とも優しい方で、長男のAさんは、週末や時間が空いた際は必ず面会に来ていました。お孫さんもよく一緒に来て、コシノさんを連れて面会時間中に公園を散歩したり、お部屋で話し込んだり、仲のよさが伝わってきました。きっと素敵なお母さんだったのでしょう。

次男のBさんは近くに住んでいなかったので、毎週とはいかないものの、それでも頻繁に面会に訪れて、お母さんがさみしくないようにと、ぬいぐるみを買ってきてくれたりしていました。私たちがお母さんの様子を話すと、いつも真剣に耳を傾けてくれて、「なにか必要なものはないですか」と聞いてくださったりもしていました。

そんな状態が数年続いたある日、食事のあと、横になっているはずのコシノさんのお部屋から、呻《うめ》いているような奇妙な声が聞こえてきました。急いで行ってみると、コシノさんがベッドの上で嘔吐していました。

もともと、胃のなかのものが食道に逆流してきてしまう逆流性食道炎※を患っていたので、横にな

※逆流性食道炎：胃の内容物（主に胃酸）が食道に逆流することにより、食道に炎症を起こす病気。特に高齢者に多くみられる。食物が通過するとき以外は胃の入り口を閉め、胃の中のものが食道に逆流しないように働いている筋肉がゆるむと、胃から食道への逆流が起こるようになる。

る時間が少し早かったのかもしれない、ベッドの上部を少し上げ、傾斜をつけておけばよかったかもしれないと、みんなで話し合い、食後は少し長めに起きていてもらい、横になる時間も少し遅らせるようにしました。

横になったとき、頭部が少し高くなるようにベッドを調整することを「ギャッジアップ」というのですが、その方法や角度を、施設にいる機能訓練士やユニットにいる介護士みんなで検討し、最適と思える傾斜をつけることにしました。

それでも、コシノさんが食後に嘔吐する回数は減りません。嘔吐しても、ご本人はケロッとしていてお元気だったのですが、嘔吐が続くと脱水の恐れや、夜間には窒息のリスクも高まります。一度、病院に行ったほうがいいかもしれないと、キーパーソンである長男のAさんにお伝えしました。特別養護老人ホームは病院ではないので、そのころはまだ、点滴などの医療処置をすることができなかったのです。このの ち法改正が行われ、最近は医療行為のできる特養が増えていますが、それでも病院ほど十分なことができるわけではありません。

Aさんには、コシノさんが嘔吐するたびに連絡していたので、事情はよく理解されていたのですが、ご本人は、嘔吐以外はいままでと変わらない状態であったため、病院に行くのはもうしばらく様子を見てからにしたいとのことでした。

けれども嘔吐の回数は減らず、増す一方。「コシノさんは、まだお若いので医療処置にも耐えられるだろう」という、うちの施設の看護師の判断があり、ご家族もやはり一度、病院に連れていったほうがいいかもしれないとおっしゃったので、コシノさんは病院を受診することになりました。

病院での検査の結果、コシノさんは入院することになったのですが、息子さんたちは医師から、「とりあえずの処置はするけれど、食べ物を飲み込む機能が低下しているので、今後は食事を口から食べることは難しい。胃瘻を造設したほうがいい」と告げられてしまったのです。胃瘻とは159ページの傍注で説明したように、胃に穴を開け、チューブで直接、胃に栄養を注入することができるようにする処置のことです。

息子さんたちは胃瘻という言葉も知らず、まさかそんな状態になるとは思ってもいなかったようで、突然、突きつけられた現実と、決定を下さなければならない重圧で押しつぶされそうになっていました。胃瘻を造設するということは、コシノさんの場合、延命を行うということでもあったからです。

コシノさんが病院に入院しているとき、施設に必要なものを取りに来たAさんと話す機会があったのですが、彼の顔にはあきらかに疲労の色がありました。私たちに、病院でのコシノさんの状態を説明してくれていたAさんは、途中から目に涙をためて、私たちに答えを求めてきました。

「どうしたらいいと思いますか？　どうすることが最善なんでしょう？」

Aさんの気持ちは痛いほどわかりました。それでも、私たちはコシノさんの家族ではありません。私たちから「こうしたほうがいいですよ」と言うことは絶対にできないのです。そもそも正解なんてないし、だからこそ、どうするかの決定は、ご本人とご家族みんなでしなければならないのです。

私たちにできることとして、胃瘻を造った場合のメリットとデメリットを説明し、胃瘻を造って施設に戻ったときに行う私たちの対応の仕方や、逆に胃瘻を造らずに施設に戻った場合に考えられるリスクなど、看護師を含めてお伝えしていきました。

特養では、医療行為は行わないのですが、胃瘻は「食事」と考えられているので、私がいた特養では、胃瘻をしたご利用者さんに医師が処方した「半消化態栄養剤[※1]」と呼ばれるものを、決められた時間に提供していく対応をしていました。

けれども、胃瘻をすると口を使わなくなるので、唾が出にくくなり、そうなると痰が溜まって窒息の可能性が高まります。唾液や痰、鼻汁などが気管に入ってしまうこともあるので、誤嚥[※2]を完全に防止できるわけでもありません。胃瘻で胃に入れたものが逆流して、それを誤嚥したり、それによって窒息したりする可能性も考えられるのです。

そのようなことをお話ししたあと、胃瘻を造らないで施設に戻るということは、看取りをすることを意味するので、そうなった場合、施設では、コシノさんの思いを尊重しながら、食べられるものを、食べられるときに食べられるだけ、負担にならないような形でお出ししていくこと。それでも吐いてしまうことはあるだろうし、それだけでは必要な栄養を摂ることができないので、次第に体が弱っていくことは避けられないこともお話ししました。

なかには、胃瘻を造設しても、訓練を継続することで口から食べられるようになったり、胃瘻を外せたりする方もいて、その場合、胃瘻は「延命治療」ではなく「救命治療」になるのですが、コシノさんの場合は難しいというのが医師の判断でした。すでに消化官機能が衰えていたので、一度、胃瘻をしたら、コシノさんは二度と胃瘻を外すことはできないということです。

そのようなことを説明すると、Aさんは「わかりました。家族でよく考えてみます」とおっしゃって施設をあとにされたのですが、後ろ姿がとてもさみしそうでした。

数日後、Aさんがまた相談に来ました。家族みんなで相談したけれど、誰も決められなかった。そのため、決断は長男である自分にまかされたとのことでした。

食欲があって、食べることが大好きなコシノさんにとって、食事が摂れず、ただ生きることになる胃瘻はどういう意味があるのだろうと、私たちもAさんと一緒に悩むしかありませんでした。

胃瘻をしないとなれば、私たちは看取り対応を行うことになるので、Aさんは、自分の選択によっては母親を死に向かわせてしまうことになると考え、その重圧に苦しみ、悩んでいたのです。

数日後、Aさんが出した結論は、胃瘻は造らないというものでした。コシノさんが退院する日が決まり、こちらで迎える準備を始めると同時に、私たちは、Aさんと交わす、看取りのための同意書の準備を始めました。

看取りの同意書とは、だいたい以下のような内容で、施設側とご本人、またはご家族とのあいだ

※1 半消化態栄養剤：胃瘻などで注入される栄養剤の一種。消化・吸収機能が保たれている場合に使われる。消化・吸収の機能が衰えている場合は「消化態栄養剤」が使われる。
※2 誤嚥：本来、気管に入ってはいけない食べ物や、唾液、鼻汁、口腔内の細菌、胃液などが気管に入ってしまうこと。

で交わされます。

・当施設は、ご本人の苦痛を伴う処置及び延命治療は行いません。危篤な状態に陥った場合でも、病院への搬送はせず、当施設にて最期を看取ります。

・当施設は、ご本人の意思及び人格を尊重し、身体的、精神的援助を行います。

・当施設は、医師への相談及び指示を仰ぎながら、可能な限り苦痛や痛みを和らげる方法で、看取り介護を行います。

・当施設は、ご本人・ご家族の希望に沿った対応を心がけ、情報の提供と共有に努めます。

・当施設は、ご本人・ご家族の希望・意向に変化があった場合は、そのつど対応を見直すとともに、意向に従った援助をさせていただきます。

このような内容の同意書に、ご家族の意向や施設独自の項目が追加されていくのですが、同意がなされる前に「カンファレンス」と呼ばれる会議が開かれます。ご家族同席のもとで、介護士や看護師、機能訓練士や相談員、施設のケアマネジャーなど、全部署の職員が出席し、看取りを行うご利用者さんについて話し合い、ご家族に看取りについて説明し、この施設で看取りを行うかどうかを、ご家族に決めていただく会議です。

Aさんは同意すると決めたあとも、「これで本当によかったのか」と悩まれていました。私たちは、「お看取りすることを選んでも、決定はいつでも変更できる」と伝え、病院に行きたい、胃瘻をしたいと思ったら、すぐに相談してくださいとお話ししました。

まだまだ若いコシノさん。病院にいるときは点滴で栄養を摂っていたのですが、施設に戻ってからは、口からの食事だけになります。会話はいままでどおりできていて、食欲もあります。「お食事ですよ」と声をかけると、うれしそうに「起きます！」と答えられます。

食べるために必要な筋肉を動かしたり、口腔周辺の運動や感覚機能を刺激したりする「嚥下《えんげ》訓練」をしても回復は難しいというのが医師の診断でしたが、私たちは簡単な訓練を継続して行い、食事はゆっくり、ご本人のペースで召し上がっていただくことにしました。

しっかりと咀嚼《そしゃく》できているようなときは、私たちも少し安心できていたのですが、体力が落ちているコシノさんは、食後すぐに「横になりたい」と言います。横になると嘔吐してしまうからとくり返し説明し、食後の休憩を十分取ってから横になっていただくようにして、横になったあとはお部屋の扉を開放させていただき、こまめに確認に行っていたのですが、しばらくすると嘔吐する音が聞こえてきます。

急いで確認しに行くと多量に嘔吐。先ほど食べたものを、ほとんど嘔吐していました。食後、十分な休憩時間を取り、ご本人の体力が続くギリギリまでがんばって横にならずにいてもらっても、やっぱり嘔吐してしまうのです。これだけ、横になる時間を遅らせてもダメなのか……。

食欲があり、食事の時間になると「食べたい」と言うコシノさん。嘔吐しないようにするには、ほかにどんな方法があるか、他部署の職員を含め、みんなで話し合い考えます。食べたあと、横になるまでの時間を増やすのは体力面からいっても難しい。違う方向からのアプローチとして、少し食事の量を減らしてみたらどうかということになりました。

コシノさんには食欲があるので、目で見ると、食べたい気持ちが勝ってしまうのではないか。普通量の食事を提供して「残してください」と言うより、提供する量を減らし、その全量を食べることができれば、「もっと食べたい」という思いが少しは抑えられるかもしれないと考えたのです。ご家族にも許可を得て、食事の量を減らしてみました。

ダメでした。食事の量を減らしても、横になると嘔吐してしまいます。

このままでは、栄養が圧倒的に足りません。ご本人が食事を欲していなければ、看取り期だからと考えて食事を控え、寄り添ったケアを提案することもできます。でも、ご本人は食べたがっているのです。

食べたいという気持ちがあるのに、体がそれを受け入れられない。けれども、認知症があるため、コシノさんは、自分が機能的に食べられなくなっていることを理解することができません。胃瘻をしたとしても、コシノさんはやはり、そのことを理解することができず、「食べたい」とおっしゃるのではないかと思われました。

食べては吐き、それでも食べたいと言う。私たちはただ見守り、できる限りゆっくり食べてもらったり、ベッドで横になったとき、少しでも楽に、窒息しない姿勢が取れるように工夫したりすることしかできませんでした。

施設の嘱託医が往診してくれたとき、どうしたらいいか相談したところ「嘔吐したとき、食べ物の残りが少なからず気管に入り込んでいるだろうから、誤嚥している可能性が高い。嚥下訓練をしても機能回復は難しいので、食事はもう難しいのではないか」と言われてしまいました。誤嚥しているなら、いつ誤嚥性肺炎※を発症しても不思議ではありません。そうなれば即、命に関わります。

仕事で往診時に立ち会えなかったAさんに、嘱託医の言葉を伝えました。

「やっぱり病院に連れていったほうがいいでしょうか。苦しい思いをさせるのはかわいそうだし……、どうしたらいいでしょう？」

医療の知識も、死に対する経験や心構えも十分でないなか、なにを選択すればいいのか、どうしたらお母さんが一番楽に過ごせるのかがわからないのです。治るのであれば医療を選択するけれど、改善されないのであれば、安楽な方法を取ったほうがいいのだろうか……。

いくら悩んでも、「正しい答え」が見つかるわけではありません。病院に行けば、前回と同じように胃瘻をするかどうかの選択を迫られます。胃瘻をしないのであれば、病院に行っても点滴をしてもらうだけになり、それでとりあえず状態は緩和されますが、治る見込みがないので、いつまでも病院に入院していられるわけではありません。時期が来れば、できる範囲での治療を継続しつつ、

※誤嚥性肺炎：前出107ページ傍注参照。

苦痛を和らげることを目指す「緩和ケア病院」に転院するか、治療はせず、その人らしい最期を迎えるお看取りをする特養に戻るか、また選択しなければなりません。同じことのくり返しなのです。「お母さんのことを、みなが知っている、この施設で過ごさせてあげたい、最期を迎えさせてあげたい」。Aさんは、そう言いながらも、目の前で苦しんでいるお母さんを見るのは耐え難かったのでしょう。「やっぱり病院に行きます。病院に行ったら、なにか治療法があるのではないでしょうか」と尋ねてくることもありました。私たちは看護師と一緒に、何度も同じ説明をくり返すしかありませんでした。

このころになると、Aさんも次男のBさんも、これまでより頻繁に会いに来てくださるようになっていて、お母さんに食欲があり、食べたいという強い気持ちがあること、それでも吐いてしまうことをわかってくれていました。

息子さんたちの胃瘻についての知識は、最初のころに比べれば増えていましたが、やはりあまりピンときていない様子でもあったので、施設にいる胃瘻を造設しているご利用者さんの状態を、その方のご家族の承諾を得て実際に見てもらったりもしました。

高齢とはいえ、コシノさんほどの若さで、胃瘻を造るかどうかの選択を迫られたご利用者さんはそれまでいなかったので、私たちもなにが最善の方法なのかわからない状態でした。Aさんと一緒に、ただただ悩むしかなかったのです。

日々の生活のなかで何度も嘔吐してしまうコシノさんを見ているのは、私たちにとっても、本当につらいことでした。その日の状態を見つつ、少しずつ食事を摂ってもらっても、嘔吐は止まりません。食べられない状態になってしまう日もあったので、Aさんが決断を悩んでいるあいだにも、コシノさんはみるみる痩せていきました。

もうこの状態では胃瘻を造っても難しいのではないかと、看護師や私たちスタッフが思い始めたころ、Aさんがついにはっきりと「やはり最期までこちらで過ごさせてほしいです。延命はしません。延命することが、母にとって幸せだとは思えないので」と話してくれました。

Aさんの決断を受け、私たちは、コシノさんの体に負担になるであろうことは徹底的に中止する方向へと舵を切りました。負担になる可能性のある薬の内服も、ご家族と医師、看護師を含めて話し合い、中止しました。心のケアや、緩和ケアに集中して対応していくことにしたのです。

そんななか、どんどん痩せていくコシノさん。なにかできることはないかと、全員で模索していきました。食べることは難しくなっていたので、甘いジュースや、いろいろなお茶をお出しして、少しは楽しみが感じられるのではないかと期待したのですが、水分さえも嘔吐してしまいます。食べたい気持ちがあるコシノさんに、食事の時間になったことを悟《さと》られないようにしたり、日光浴や外気浴を積極的に行って気分を変えてもらったり、痩せてきた体を支えられるよう、車椅子を調整したり、ベッドで寝ているときのクッションの位置を見直したり。全力で、できることを探していったのです。

このころになると、Aさんは毎日、面会に来られるようになっていました。少しでもと思うのか、会社の帰り、面会終了時間ギリギリにいらしたり、営業の合間の少しの時間に顔を出されたりもしていました。

私たちは、残された短い時間のなかで、少しでも明るい話題があればできるかぎりお伝えしたいという一心で、「今日は、コシノさんがこんなことで笑ってくれましたよ」とか「今日は、こんなことを言っていましたよ」などと、息子さんたちに話すようになっていきました。

食べることができなくなるにつれ、嘔吐することもなくなっていったコシノさんは、やがて起き上がることもできなくなって、寝ている時間が多くなってきました。

そんなある日、面会が終わったAさんに、呼び止められました。目に涙を浮かべて、「本当にこれでよかったのでしょうか」とポツリと言われたのです。

コシノさんは「大往生」といえる年齢にはほど遠く、コシノさんほどの年齢なら、元気に過ごされている方がほとんどです。ほかのご利用者さんと比べても、圧倒的にお若いのです。

コシノさんが若いので、Aさんもまだ若い。多くの人が、いつかは経験することだろうけど、こんなに若いのに、もう親の死について考えなくてはいけないなんて早すぎる。Aさんの苦しみは、本当に痛いほどわかりました。

それでもやっぱり私は、「こうしたほうがいい」とか「こうするべきだ」と言える立場にはありません。いえ、立場の問題ではなく、介護職をしていなくても、これが友人の両親であったとしても、そういうことは言うべきではないと思うのです。

苦しんでも、悩んでも、悲しくても、この問題はご本人か、ご本人が無理なら肉親であるご家族が決定するべきこと。そこに第三者が介入すれば、のちのち、ご本人や、あるいは残されたご家族が、後悔や、さらに深い悩みや苦しみを抱えてしまう可能性があるからです。

私は、Aさんの判断を尊重していきたいと思っていること。それは、ここで働く職員全員の思いであること。そして「コシノさんは、Aさんのことが大好きで、いつも自慢していたから、きっとAさんがどんな決断をしても大丈夫。必ず受け入れてくれますよ」と話しました。

「ありがとうございます。ちょっと救われました。弟や親族に相談しても、僕の判断がみんなの判断だからまかせると言われて、それでも、どうしたらいいのかわからなくて。いまこうしてスタッフさんたちと話すことができて、いままで知らなかった母の一面を知ることもできたし、……もっといろいろ、母のことを聞いたり話したりしておけばよかったです」

目に涙を浮かべながら、少し恥ずかしそうに、そう言ってくれました。

その後もAさんは、何度も、病院に連れていったほうがいいか、このままこの施設にいたほうがいいか、悩み考え続けていました。私たちは、看護師も交えて、そのつどAさんと話し合ったり相談したりをくり返しました。

結局、Aさんはコシノさんを病院に連れていくことはなく、コシノさんの最期は、私たちの施設でのお看取りとなりました。

病院には行かなかったので、食べることができなくなったコシノさんの、正確な死亡原因はわかりませんでした。ご家族やAさんが、コシノさんの死をどのように受け止めたのかも、わからないままでした。

それでも数日後、葬儀に参列したとき、Aさんは、涙を流しながら「いままで、本当にありがとうございました。自分の判断が正しかったのかどうか、いまでもわかりません。きっと、ずっとわからないままだと思います」とおっしゃっていました。

Aさんの言葉を聞きながら、ご利用者さんに寄り添うのはもちろんだけど、ご家族に寄り添うことも、少しはできたのではないかと思っていました。

ご利用者さんにとって、年を取るのが初めてなら、ご家族にとっても、親や親族が年老いていくのを見るのは初めてなんだと、心に刻んだコシノさんの死でした。

親は必ず、私たちよりも先に年を取ります。そのことは漠然と理解しているつもりですが、自分が思っていたよりも早く、その時が来てしまったら、私もきっとコシノさんの息子さんのように悩むことになるでしょう。そして、もっともっと親と話しておけばよかった、自分にもっと知識があればよかったと思うのではないかと思います。

この本を読んでくださっている方で、親御さんがご健在の方は、ぜひ「これからのこと」を親御さんと話し合ってほしいと思います。

最近、「終活」という言葉をよく耳にします。自分の最期を自分で決められるよう、準備する人が増えているのでしょう。ですが、そのためには、親である方は子どもに、自分がどのような最期を迎えたいと思っているかを伝えておいてほしいと思います。

そして、子どもである私たちも、親にどのような最期を迎えてもらいたいと思っているか、自分の気持ちを伝えておくことが必要なのではないかと、コシノさんとそのご家族と接して考えました。


ここまで、いままで出会ったご利用者さんやご家族のことをお話ししてきましたが、似たようなケースはあっても、同じケースは一つもありませんでした。

誰もが自分なりの人生を生き、自分なりの死を迎えるのです。それを見守るご家族もまた、自分なりにその死を受け止め、その後の人生を生きていくしかありません。

そのようなご利用者さんやご家族が、できるだけ後悔することなく、少しでも安心して最期を迎えていただけるようお手伝いをする。介護という仕事は、そのためにこそあるのでしょう。

次章では、高齢者に起こりやすい筋肉の衰えなどを、どのようにケアしていけばいいか、私が試行錯誤したことと、改めて、介護という仕事についてお話ししていきます。

ご利用者さんと施設内の喫茶店で。(写真／近藤浩紀)

第8章

介護は、素晴らしい仕事です

あきらめたり、手伝ったりする前にできること

昔は、具合が悪かったり、体が弱ったりすると、「寝ていろ。寝ていれば治る」と言われました。どこかが痛かったり、どこかの調子が悪かったりしたら、とにかく安静にしているのが一番と考えられていたのです。

高齢者も例外ではなく、骨折したときや、病院から退院してきたときなどは、安静にしていればそのうちよくなる、そのうち治ると考えられていました。

しかし、時が経ち、いまではまったく違う考え方が主流になっています。もちろん、命に関わるような病気の場合は別ですが、たとえば、大腿骨頸部骨折をして手術をした場合、術後、いかに早くリハビリを始めるかが回復の鍵になるとされているのです。

これは、脳血管障害を起こした方も同様で、体調不良の際は別ですが、痛みがあってもできるだけ早くリハビリを開始することが、その後の患者さんのＡＤＬ[※1]やＱＯＬ[※2]の向上につながるとされています。

この考え方は、医療だけでなく、介護の世界でも大切だと私は思っています。

年を取れば誰でも、足、腰、腕、指などが思うように動かせなくなってきます。原因はいろいろですが、ここでは、介護の仕方によってそれらが少しでも改善されたり、衰えの進行を遅らせたりすることができた事例について、お話ししたいと思います。

入所したときは、まだまだお元気だったご利用者さんが、だんだん弱ってきて、それまでできていたことができなくなる。少しお手伝いすれば、自分で立って歩いてトイレに行けていた方が、加齢によって、あるいは体調不良が続いたあとや、病院から退院してきたあとなどに、立てなくなったり、歩けなくなったり、トイレでの排泄が難しくなったりする——。

歳を重ねれば当たり前のことと思われるかもしれませんが、多くの方が、できれば自分のことは自分でやりたいと思っていることは間違いないでしょう。

最期まで、自分の足で歩いてトイレに行きたい。最期まで、自分で顔を洗ったり、歯を磨いたり、着替えをしたりしたい。ぎりぎりまで、ちょっとした散歩や買い物などに行きたい。最期まで、気持ちよく楽しく、笑っていたい。多くの方が、そう考えているのではないでしょうか。

それは、わたしたち介護に関わる者たちの願いでもあります。高齢の方たちが、できる限りご自分の足で立って、歩いて、トイレで排泄ができるようにお手伝いしたい。最期まで、楽しく気持ちよく過ごしていただきたい。すべてをご自分で行うことは無理だとしても、昔のようにはいかなく

※1 ADL：Activities of Daily Living の略。「日常生活動作」と訳される。日常生活を送るうえで、最低限必要な日常的な動作、起居動作（起きたり立ったり座ったりすること）・移乗（椅子からベッド、ベッドから椅子などに移り座ること）・更衣（衣服を着替えること）・排泄・入浴・整容（身だしなみを整えること）などを指す。

※2 QOL：Quality of Life の略。「生活の質」「人生の質」などと訳される。その人が、心身の健康や良好な人間関係のなかで、人間らしい生活、自分らしい生活を送り、満足して人生を楽しんでいるかを測る概念。

ても、いま残っている運動機能が衰えないよう、少しでもお手伝いしたい。

私はそう考えて、これまでずっと、ケアの提案やお手伝いの方法を模索し、その方にあった対応ができるようにと努めてきました。

それでも、年齢を重ねるにつれて、身体機能が衰えてしまうのは避けがたいことです。最近までできていたことが難しくなり、人によっては、自分で寝返りを打つことも困難になったり、言葉が出なくなってしまったり。やむを得ずおむつになってしまう方や、歩行が困難になって、車椅子を使用するしかない人も珍しくありません。私が働いていた施設には、足に体重をかけてはいけないと医者に言われ、立つことすら危険な行為となってしまった方もいました。

ご利用者さんがそんな状態になったら、いままでは、そこで対応を切り替えるようにしていました。歩くことができなくなったら車椅子に。トイレに行くことが難しくなったらおむつにして、ベッドの上での交換に。発語が難しくなったら、無理にはしゃべらせない。起きるのがイヤという方がいれば、無理に起こすことはせず寝かせておく。できないことはできないと受け入れ、無理をさせることなく、その方の状態に合わせたケアを行っていたのです。

でも私は、だんだん、そのことに疑問をもつようになってきました。

前述したように、多くの方は、できるかぎり自分のことは自分でしたいと思っています。いくつになっても、自分がしたいと思うことができる自分でいたいと思っているのです。それでも、もう歳なのだから仕方がない、できなくなるのが当たり前なのだから、あきらめるしかない。ほとんどの方が、そうやって自分をなだめ、自分の気持ちを押し殺してきたのではないでしょうか。

だけど、私は、そういう高齢の方を見てきて、次第に、介護する私たちがあきらめてしまっていいのだろうかと思うようになりました。私たち介護士があきらめれば、高齢の方もあきらめてしまう。このあきらめが、高齢の方から、生きる意欲や尊厳を奪っているのではないかと思うようになったのです。

本気でそのことについて考え、なんとかできないかと思うようになったのは、介護の仕事にかなり慣れてきてからのことでした。

ご利用者さんはみな、何十年も立って歩いて、自分でトイレに行ってきた方たちです。その感覚をできるだけ残しておきたい。年を取れば、できなくなるのは当たり前と、みんな思っているかもしれない。だけど、「仕方がない」で終わらせたくない。本気でそう思いました。

介護をする私たちが、「本人が起きたくないと言っているし、体もかなり衰えてきたから、もう寝たきりになっても仕方がない」と思ってなにもしなければ、そのご利用者さんは、本当に寝たきりになってしまうのです。

筋肉は、使わないでいると弾力を失い、硬く小さくなって動かなくなります。これを「廃用性萎縮」といいますが、筋肉は、いくつになっても鍛えることができるし、若いころのようにはならなくても、ある程度は再生可能なのです。

それなら、できるだけのことをやってみよう。そう決意しました。

だけど、「今日は、立って歩いて、トイレで座ってみましょうか」と言っても、「もういいわ。もうがんばりたくない」と言う人がいるかもしれない。そういう人にとっては、立って歩いてトイレに行って座ることが、かなり高いハードルになってしまうかもしれない。

そこで、まずは、その方の一日の流れを見直すことから始めました。

私たちもそうであるように、一日のなかで、「やる気全開！」になっている時間は、ずっとあるわけではありません。朝、起きたばかりなら、まだ眠気が残っていて頭もはっきりしていません。食後は眠くなる方も多く、食後の休息が必要となります。

そのため、その方にはその方なりの、「やる気になる時間帯」があるはずだと考えたのです。

その方の一日の流れを把握して、その方が元気で前向きな気分になっている時間帯はいつかを見極めます。その時間帯がわかったら、今度は誘い方、提案の仕方を考えます。無理にお誘いするのは厳禁です。その方が、「やらされている。無理なことを要求されている」と感じてしまったら、やる気など、あっという間に吹っ飛んでしまうからです。

たとえば、トイレにお誘いするなら、その方がトイレに行きたくなる時間を見計らってお声をかけるのが一番です。そろそろ行きたいと思われる時間だなと思ったら、そのときがチャンスです。

どのようにお声をかけるかに、正解はありません。頼んでみたり、提案してみたり、ちょっと甘えたような言い方をしてみたり。信頼関係ができているご利用者さんなら、「あなたがそう言うなら、ちょっとやってみようか」と言ってくれたりします。

ちょっとでも、やる気になってくれたらもうこっちのものです。体を支えてさしあげ、ご利用者さんの足が床に着いたら、「あれ〜、やればできるじゃないですか。すご〜い！」と、大げさに感動したり、喜んだり。言い方はよくないですが、褒めたり、おだてたりすることもありました。褒められれば誰だってうれしいので、ご利用者さんも「もうちょっと、がんばってみようか」という気持ちになってくれます。そうやって少しずつ、ご利用者さんのやる気を引き出し、習慣化して、できるだけ体を動かしてもらうようにしていったのです。

歩けるようになると、ご利用者さんの顔が変わってきます。自信に満ち、明るくなってくるのです。やっぱり立って歩くのは、人間の基本なんだなあと思いながら、私も自分のことのようにうれしくなっていました。

ご利用者さんに体を動かしてもらうとき、私たちが心がけていたことが、もう一つあります。それは、目標をもつということです。

高齢の方の多くは、昔のように自分で歩きたいと思っていますが、「歩くこと」は目標ではありません。「歩けるようになったら、自分でトイレに行きたい」「昔、行ったレストランに、また行ってみたい」「外に出てみたい」などという思いや目標があるから、「歩くこと」に対して意欲的になれるし、積極的になれるのです。

自分の意志で、自分がやりたいと思っていることをするために歩く練習をしている。そう思っていただけるようにすることが大切なのです。

その一例として、こんなことがありました。

息子さんが、施設のすぐ近くで床屋さんをやっているご利用者さんがいたのですが、その方と「歩けるようになったら、息子さんのところに行って驚かそう」と約束しました。

施設から息子さんの床屋さんまで、全部を歩くのは無理なので、途中まで車椅子で行って、床屋さんの近くに来たところで車椅子から降りてもらいました。そこからあとは、私たちも支えてはいたのですが、杖をついて、自分の足で歩きながら、店内に入ってもらうことにしたのです。

これは大成功。息子さんはたいそう驚き、大喜びしてくれました。それを見て、ご利用者さんは、いたくご満悦。得意げな顔で笑っていました。

私もうれしくて、「介護士のやりがいはここにある」と思っていました。

なかには、すでにほとんど寝たきりになっていて、ベッドから出られないというご利用者さんもいます。私は、そういう方でも、寝かせきりにはしないようにしていました。車椅子に乗せてリビングにお連れしたり、お庭にお連れして日光浴をしてもらったりしていたのです。無理はせず、それでも少しでも体を動かせるように、残っている機能をこれ以上、衰えさせないように、そして生活のなかに楽しみがもてるようにと考えて、ケアをしていったのです。

それと同時に、道具の見直しも進めました。ある研修で、ハッとさせられる話を聞いたからです。

「人の状態に合わせて道具を変化させていくべきなのに、日本はまだまだ、道具に人間が合わせている状態だ」

この研修は、車椅子の使用についての研修だったのですが、この考え方は、車椅子以外にも当てはまると気がつきました。

たとえば、それまでは自分で食べることができていたのに、箸やスプーンが使えなくなってしまう方がいます。そのようなとき、「食べられないならお手伝いしましょう」ではなく、その前に、その方の体の状態を観察し、なにができてなにができないかを見極め、その方の状態に合わせて、箸やスプーンを持ちやすいものに変えていくのです。それだけで、自分で食べることができるようになったりします。

ご自分でできることを減らさないため、私たちがお手伝いに入る前に、残存機能をできるだけ活かす方法を考えるのです。「自分でできること」を、介護の専門家が奪ってはいけないのです。

そのためには、ケアの引き出しを増やし、「なぜできなくなってしまったのか、こうすればできるかも」と考え、試行錯誤していく必要があります。介護職だけで答えが出せなかったら、意見を求めればいい。施設のなかにはさまざまな職種のスペシャリストがいます。私は、その方たちに助言やアイデアを求め、何度も助けてもらいました。

ご自宅で介護をされている方でも、いまは情報が溢れている時代です。公的機関の相談窓口を利用したり、インターネットで調べたりすれば、介護に関するいろいろな知識を得ることができます。あきらめる前に、ぜひ、聞いたり調べたりしてください。

私には、もう一つ気になっていたことがありました。それは「不良姿勢」です。背中が曲がってくる、体が傾いてくる、車椅子に座っているとだんだんずり落ちてくる。座っているだけでつらそうにしている方もいます。お年寄りにはありがちで、珍しいことではありません。

だけど、なんで傾いてくるんだろう。どうして、ずり落ちてしまうんだろう。なんで座っているだけで疲れてしまうのかなあ。ただ座っているだけなのに……。

施設にいるリハビリの専門家に相談してみました。

すると、「人間の体は、筋肉や骨格がそれぞれバランスを取りながら〝正しい姿勢〟を保っているのに、高齢になると筋力も骨も弱くなって、正しい姿勢を保つことが難しくなる。そうすると、人間の体は内へ内へと曲がって固まってしまうのだ」と教えてくれました。

それなら、どうすればいい？

「バランスが崩れている状態で、立ったり座ったりしていると、体が無理にバランスを取ろうとする。そのせいで、変なところで体を支えようとする。たとえば、車椅子に座っているときでも、落ちないように、どこかで踏ん張っている。そういうときは、どこか変なところに圧力がかかっているので疲れてしまうし、長く圧力がかかっていると、そこが固まってきて、体が歪んでしまう。

どこかに圧力がかかっているようなら、その圧力を分散させる必要がある。動かなくなってしまった部位は重くなるので、できるだけ動かすようにする。寝ているときの姿勢も大事だから、寝ているときも、どこに圧力がかかっているかよく見て、それを分散させる必要がある」

なるほど。バランスが保てなくなっていることが問題なのか。

体の歪みを見て、どこに問題があるかを探していくことを「姿勢の評価」というそうですが、そのリハビリの専門家に、実際にご利用者さんの姿勢を見てもらい、どこに問題があるか教えてもらいました。それ以外にも、外部の研修会に出席して、さまざまな意見を聞いて勉強しました。

そうやって学んだ結果、たとえば車椅子に座っているとき、どこに圧力がかかっているのかを調べる方法や、圧力がかかっているところにクッションなどを入れて、圧力を分散させる方法などを知ることができました。

寝ているときの姿勢も、その方の体の状態に合わせて、右向きのときはこういう姿勢で寝てもらう、左を向いているときはこういう姿勢で寝てもらうなど、ご利用者さん一人ひとりについて指導をしてもらい、その姿勢を写真に撮って、介護士全員で共有しました。このご利用者さんが左を向いているときは、ここにクッションを当てる、こちらのご利用者さんが右を向いているときは、ここにクッションを当てるなど、ご利用者さんが寝ているときにすることをみんなで共有し、それを実行していったのです。姿勢の歪みの矯正は、継続的に行っていく必要があるからです。

最近の介護用車椅子は、いろいろ調整することが可能なので、これもまたご利用者さん一人ひとりに合わせて調整していきました。その結果、腕が上がらなくなっていた方の腕が上がるようになったり、座れなかったご利用者さんが座れるようになったりしていったのです。

姿勢の評価は、専門知識がなければできないところもあるし、筋力アップや、体の歪みの矯正もすぐにできるわけではありませんが、施設で勤務している介護職の人や、同居しているご家族であれば「ちょっとつらそうだな」「いつもより姿勢が傾いているな」など、毎日のちょっとした変化に気づくことができます。

それに気づいたら、施設であれば、専門家の指導を仰ぎながら筋力アップや、姿勢の矯正を意識しながら介護をしていくことが可能です。ご自宅で介護をされている方は、訪問看護師や訪問介護をしている介護士に相談することができるでしょう。

不良姿勢の改善も、ご利用者さんの安心・安楽・自立を目指して働く、私たち介護士の大事な仕事なのです。

介護をするときに大切な優しさとはなにか

「将来、施設に入るかもしれないから」とか、「家族を入所させようかと思っているんだけど」という人から、「いい施設の見分け方ってある?」と聞かれることがあります。

まだ福祉専門学校に通っていたころ、私は、きれいで、近代的な施設が「いい施設」だと思っていました。それから20年近くが過ぎ、学生時代の実習や、就職するために見学に行った施設、友人が勤めている施設で見たり聞いたりしたこと、そして自分が働いていた施設のことを振り返って思うのは、その施設がいい施設かどうかを決めるのはやっぱり「人」だということです。

介護士がご利用者さんを虐待するなどの事件もありますが、介護士の多くは優しい人です。多くの介護士が、ご利用者さんのためを思って働いています。

ただ、「ご利用者さんに優しくするとはどういうことか」、「ご利用者さんのことを思ってする介護とはどういう介護か」という介護観（介護に対する価値観）は、人それぞれ違っています。

以前、こんなことがありました。

4階フロアの担当だった私が、ほかのフロアに異動になり、そこの長となったときのことです。そのフロアの4つのユニットにいるご利用者さんとは初めて関わることになるので、私は4つのユニットすべてに入り、そのフロアで、これまで行われていたケアの現状を把握することにしました。

くり返しになりますが、介護には正解がないため、介護観やケアの方法は、介護士によってかなり違っています。ケアにあたる介護士が、この方にはどのようなケアが最適かを考えてケアしていくので、その介護士のケアに対する考え方が、ケアのやり方に大きく反映されているからです。

そのため、私が働いていたフロアとは別のフロアには、それまでそこでフロア長をしていた人の考え方が大きく反映されているので、ケアに対する姿勢や方法も異なっています。働いている介護士の考え方によって、施設ごとに、あるいはフロアごとに、個性があると言ってもいいでしょう。

さて、新しく長として担当することになったフロアのあるユニットで、私は、ズボンをはかず、おむつをした状態でリクライニング車椅子に座り、職員に介助されながらご飯を食べているご利用者さんに目をとめました。リクライニング車椅子とは背もたれが倒せる車椅子で、姿勢が崩れて、座ることが難しいご利用者さんが使用するものです。

それはともかく、ズボンをはいていないことに驚いて、その方を介護している介護士に、「この方は、どうしてズボンをはいていないのですか?」と尋ねると、「この方は、骨折しやすくて、以前にも骨折してしまったことがあるんです。関節が固まってしまう拘縮《こうしゅく》もあって、ズボンをはいていただくのがすごく難しいので、ご家族の許可を得て、ズボンをはかずに過ごしていただいています」という返事。

体が拘縮している場合、無理にズボンをはいていただこうとすると、ご本人が痛がることも少なくありません。だからでしょう。最後に「ご本人もいやがるので」と付け加えられました。

骨折してしまうといけないから? 痛い思いをさせたくないから? ご本人がいやがるから?

なるほど、安楽の視点から言えば、無理にズボンをはかせるべきではない。

それが、このユニットの介護士の、ご利用者さんに対する優しさなのでしょう。

けれども、個室があるとはいえ、食事の時間にはユニットのリビングで過ごされている方です。

そこには、当然ながらほかのご利用者さんもいます。

私は、私の父が、こんな格好でご飯を食べていたらと思うと悲しくなってしまいました。

そして、自分がもし、こんな格好で人前に出なければならないとしたらと考え、本当に居たたまれない気持ちになりました。

特別養護老人ホームは、「自分の家のように暮らせる終の棲家」とされていますが、他人との共同生活の場でもあります。他人の目があるところで、おむつが丸見えの状態でご飯を食べるなんて、普通の生活をしていたらあり得ないでしょう。

みなさんはどう思われますか？

そんな格好で人前に出るなんて、人間としての尊厳はどこにあるのだろうと思いませんか？

高齢になっても、認知症が進んで理解できることが少なくなっていても、ご利用者さんの尊厳を傷つけるようなことはしてはいけない。私は、そう思って、介護の仕事をしてきました。

ズボンをはいていなかった方については、その後、このユニットの介護士と何度も話し合い、何度もおたがいの気持ちや考えをぶつけ合いました。

ユニットの職員も「この方にとってなにが最適なケアか」を何度となく考えて、「無理にはズボンをはかせない」という選択をしたのです。なかなか引きません。

ですが、引かない姿勢は、その方のことを思い、考えていることの証しでもあるのですから、その頑固さは、ある意味、うれしい頑固さでもあります。

何度となく話し合いをくり返した結果、「村上さんが言うようにやってみようと思います」と言ってくれたその介護士は、その後、私が新しく担当したフロアで、最も信頼できる職員の一人となりました。

どんな施設がいい施設かを簡単に言うことはできませんが、まずは、自分だったらどんな介護をされたいかを考え、そこで働いている介護士が、ご利用者さんに対する優しさをどのようにとらえているかを見てください。

これは、新しい施設、キレイな施設、最新型の機械が設置されている施設よりもっと大切な、施設を選ぶときの目安となるはずです。

どの特養にも、いい人はいます。ご利用者さんのことを考え、一生懸命、仕事をしている介護士がいます。特養を利用することになったら、まずはそういう介護士と信頼関係を築いてください。そして、ご利用者さんもご家族も「こうしてほしい」と思います。こういうことがしたい」という希望があれば、積極的に介護士と相談するようにしてほしいと思います。専門職であっても間違えたり、前述のように、優しさの定義が異なっていたりすることがあるからです。

「こうしてほしい。こうやってほしい」と伝えても、すべてができるわけではないかもしれませんが、遠慮していたら信頼関係を築くことはできません。

それからこれはお願いですが、ご家族の方は、介護職が「忙しそうだから」と遠慮したりせずに、たくさんコミュニケーションを取っていただきたいと思います。

お父さんやお母さんがどんな方だったか、どんなことが好きだったか、どんな食べ物が好きだったかなどを介護士に伝え、会話をしてほしいのです。ご利用者さんのことを深く知ることで、介護士は、よりよい介護やケアができるようになるからです。

介護ほど、やりがいのある仕事はありません

最後に、これから介護職に就こうと思っている方、介護職に就こうか迷っている方に、介護職の魅力についてお話ししておきたいと思います。

私がいた施設では、教育実習生を積極的に受け入れていたので、毎年、何人もの実習生が勉強のために施設にやって来ました。毎年、実習生を受け入れていて、近年、少し変化を感じていたことがあります。学生の数が少なくなっていることと、外国人の実習生が増えていることです。

介護職を希望する日本人が減っているのは、なぜでしょう。

「まえがき」で書いたように、たぶん日本では、介護職は「きつい・汚い・危険」それに加えて、給料が安いという印象があるからでしょう。そして、これも前にも書いたように、介護士がご利用者さんを虐待するなどの事件があって、介護職に対するイメージが悪くなっていることも原因かもしれません。

以前、介護職を目指そうか悩んでいる友人から、「トモミは、なんで介護職に就くことにしたの？　介護の仕事って楽しいの？」と聞かれたことがあります。

私は、「お年寄りと過ごす毎日は、すごく楽しいよ。『かわいい』と言うのはいけないのかもしれないけど、お年寄りはみんな、とてもかわいいしね」と答えました。

すると友人は、重ねて「トモミはお年寄りが好きだからそう思うのかもしれない。だけど私は、特別にお年寄りが好きなわけじゃないんだよね。それでも楽しいって思えるのかな。そもそも、介護の仕事ってどういうときにやりがいを感じるの？　介護職の魅力ってなに？」と聞いてきました。

やりがい？　やりがいはたくさんある。

ご利用者さんが見せてくれる笑顔。家族にはなれなくても、唯一無二の深い関わりができること。関わっている方の、できなかったことができるようになったとき、ともに喜び合えること。そして、そのときに味わえる達成感。

これらのやりがいは、私にとってそのまま、介護職の魅力になっています。

でもそれは、私が、お年寄りが好きだからなのかな？

私のような人ばかりではないだろうし、仕事と割りきっている人は、介護のどこにやりがいを感じているのだろう？

そんなことを考えていたら、友人が得たいと思っている仕事のやりがいは、高い収入や社会的地位・社会的評価なんだろうけど、それは、介護職で得られるやりがいとはちょっと違うと思って、悩んでしまったことがありました。

今回、ここまで文章を綴ってきて、もう一度、この友人の言葉を思い出して考えてみました。

介護職は、治療が目的の医療とは異なる仕事です。いくつになっても、よりよく生きること、自分らしく、その人らしく生きることを目的とした「生活の場」で、お年寄りと関わり、お年寄りの自分らしさを支える仕事です。そんな仕事は、介護職以外にはないように思います。

長い時間、生きてきた方の最期に関われること。その方が長い人生に幕を下ろすとき、一緒に貴重な時間を過ごせること。生活のなかで寄り添いながら、その方の人生に触れられること。

何度も言ってきたことですが、介護士は、家族でも友人でもありません。

それでも、お年寄りと、とても近いところで過ごし、私たちの工夫、対応、支え方次第で、お年寄りの大切な最期の時間を、少しは楽しく、少しは安楽にしてさしあげることができるのです。

信頼される喜びは、言葉では言い表せないほどです。

そのようなことが、この仕事のやりがいであり、魅力なのではないかと思います。

お年寄りから学ぶことは多く、学んだことは、必ず自分の人生で活きてきます。

それでも、日本人の介護職希望者は年々少なくなっていて、介護を学べる学校も、生徒数が減っているのが現実です。外国からの生徒が多くいる学校もありますが、外国籍の生徒が資格を取ったあと、みな日本で働くというわけではないでしょう。人口の多い団塊の世代が老後を迎えつつあるいま、介護職は人手不足なのです。

もったいない。こんなに素敵な仕事なのに。

こんなにたくさんの人生の先輩と知り合って、学ぶことができるのに。

自分の提案した介護方法が活かされ、その方の喜びに直結するのに。

こんなにやりがいを感じられる仕事、ほかにないんじゃない？
私はいま、強くそう思っています。

人手不足を解消するため、介護の世界ではいま、ＡＩ機器の導入が進んでいます。介護職は重労働といわれ、腰痛になって離職する人が少なくないからです。そのため、介護士の腰への負担を軽減する目的で、ご利用者さんを支えるとき、重さを感じなくて済むような機械が開発されてきました。

ご利用者さんを〝持ち上げない〟〝運ばない〟ため、「ノーリフト」と呼ばれているのですが、介護士、ご利用者さん、双方にとって負担を軽減することになるという考えのもと、海外の先進国ではすでに多くの施設がＡＩ機器を導入し、活用しています。

日本でも、最近まで厚生労働省が介護士の離職率の低下を目的として、移動・昇降用リフトなどを導入する事業所に助成金を出したりしていたので、やがてこのノーリフトが主流になっていくでしょう。

介護にはいろいろな技術があって、たとえば、ご利用者さんの移動を介助するときは、「トランスファ介助」あるいは「移乗介助」と呼ばれる技術が使われます。これは、ご利用者さんの体のどこを支えれば、ご利用者さんの残存機能を活かしつつ、介護士、ご利用者さん双方にとって苦痛なく楽に移乗できるかという技術で、これまでずっと先輩から後輩へと伝えられてきました。

私は、福祉専門学校で介護について習っていたとき、これが苦手で、ぜんぜんうまくできませんでした。それでも、練習に練習を重ねた結果、いまでは体重70キロの人でも、楽に移乗させることができます。

介護士、ご利用者さん双方にとって、負担が軽くなる技術が開発されることは決して悪いことではありません。介護をするにあたって、AI機器を使っていくか、それとも昔からある技術を使っていくか、考え方はいろいろでしょう。

それでも、なにを使って、どんな方法で、どういう介護をしていけばいいかの答えは、いつもご利用者さんがもっていることを忘れないでほしいと思います。

私がいた施設では、AI機器を使うことになったとき、難色を示す介護職員が少なからずいました。機械を使うと温かみが感じられない。機械を用意する時間がない。そんな声がたくさん、あがったのです。

移乗介助は、日に何度も行う行為なので、1フロアに2台ほどしかないAI機器を使うとかえって手間がかかるという意見が出るのは無理からぬことです。けれども、仕事に追われているせいで、移乗介助を力任せで行ってしまう介護士がいることも事実。AIを使うと温かみが失われると言っても、力任せで行えば、それもまたご利用者さんに痛みや不快感を与える、温かみのない介助になってしまうわけです。

なにが正解かはわかりません。

ただ、温かみを感じないと思うのは誰なのか。

機械を用意する時間がなくて困るのは誰なのか。

AI機器を使うにしろ、これまで伝えられてきた介護技術を使うにしろ、ご利用者さんのそのときの体調や気分に合わせて、そのつど、いまここでなにを使うのがベストな選択なのかを考え、最適な方法を選択していくべきだろうと考えました。


くり返しになりますが、介護の仕事をしながら、私がいつも思っていたことは、自分の親だったらどうするか、自分の親を入れたいと思えるような施設にするにはどうしたらいいか、ということでした。


最近は、ご利用者さんの個室に、「赤外線センサー」や「見守りカメラ」を付けることが奨励され、導入する際は公的機関から補助金が出ることになっています。

これもまた介護士の負担の軽減や、業務の効率化を目的としたもので、人手不足に対する対策でもあるのでしょう。それでも私は、大きな疑問を感じました。

個室は、ご利用者さんが生活している場です。

着替えをしたり、排泄を自分の個室で行ったりすることもあります。

そこにカメラを取り付ける？　自分の親だったら？　自分だったら？

センサーにはいろいろな種類があり、プライバシーを尊重するような、カメラ機能がないセンサーもあるので、どのようなセンサーを選んで取り付けるかによって、かなり違ってくるでしょう。でも、たとえ事故の防止になっても、事故後の検証が容易になったり、同じような事故が起きる確率が減ったりしても、四六時中モニターで動きを見られている生活は苦痛でしかありません。

介護士は、ご利用者さんの状態を見ながら、「ここをこうすれば転倒のリスクが減るよね」などと、事故を未然に防ぐために、つねにみんなで相談したり考えたりしています。

カメラに頼ることになれば、事故を未然に防ぐ対応ではなく、事故が起きてからの対応に、介護の軸足が移っていく可能性がないとは言いきれません。

モニターを取り付けることは、本当に正解なのでしょうか。

超高齢社会の日本ですから、仕方がないのかもしれません。

それでも、「人間としての尊厳」という、なによりも大切にしなくてはいけないものがあります。高齢者であっても、認知症になっている方でも、人間としての尊厳を疎かにしないこと。突き詰めれば、それこそが最も大切なことなのではないでしょうか。

介護職に就こうとしている人、就こうか迷っている人は、そのことだけは忘れないようにしていただきたいと願っています。

おわりに

この本は、「いまが楽しければいい」と考えてキャバクラで働いていた私が、介護職に興味をもち、介護士として働いた約15年のなかで出会ったご利用者さんから教えられたこと、学んだこと、そして私なりに考えたことを書いたものです。

書き終えたいま思うのは、私は本当に人に恵まれていたということです。キャバ嬢だったときも、介護士として働くようになってからも、私のまわりはいつも、心温かい人たちであふれていました。

夜の世界にいたときも、多くの方に応援したり支えたりしていただきました。介護の世界に飛び込んでからも、多くの方から学びを与えられ、支えていただきました。介護職で、ともに切磋琢磨しながら歩んだ友人や同僚、先輩や上司たち……。これまでに出会い、導いてくださった多くの方々に、心からの感謝を申し上げます。

実は、この本の最初の草稿を書き上げたあと、私はそれまで働いていた特別養護老人ホームを辞しました。私の父は小さな会社を経営しているのですが、父が高齢になったので、その会社を引き継ぐことにしたのです。

それでも「介護が私の天職」という気持ちに変わりはありません。そのため、父の会社で必要なことを学んだら、日々の仕事は人に任せて、私は経営だけに仕事を絞り、二足のわらじになりますが、改めて介護に関わろうと考えています。

それが具体的にはどのようなことなのか、高齢者の方の居場所（施設のようなもの）を作るのか、あるいは、ご自宅で暮らしている高齢者を支援するような事業を立ち上げるのか、まだはっきりしたことは言えません。

それでも、介護士として働いていたとき、ご利用者さんの「これがしたい」「こうしてもらいたい」という希望にすべて答えられたわけではなかったという思いや、「こんな介護がしたい」という私の理想がすべて実現できたわけではなかったという思いが、消えていかないのです。

介護士として働いていたとき、同僚と一緒に「こんなことができればいいのにね。こんなことがしたいよね」と、何度も話したり考えたりしていました。そのときに考えていたことが実現できるような、ご利用者さんだけでなく、介護士として働く私たちにとっても、少しでも理想に近い環境や職場を作ることができたらと、ひそかに野心を燃やしています。

私にはまだできることがあるし、やり残したこともある。いつかその思いを成就させたい。いまは、そのための準備期間だと思っています。

最後になりましたが、この本を手にとって読んでくださったみな様に、心から感謝いたします。

2024年　猛暑の夏を乗り越えつつある日に

村上知美

親友（左）と趣味のサーフィン後のひとこま。
お休みの日は海へ行くのが日課です。

著者プロフィール

村上知美（むらかみ ともみ）

1982年に山形県で生まれ東京近郊で育つ。18歳のとき夜の世界に足を踏み入れてキャバクラ嬢となり、お店のショーメンバーとしても活躍してナンバー１になる。22歳でキャバクラを引退して、介護福祉専門学校に入学。24歳から介護福祉士として施設で働く。カナダの老人福祉施設を見学したり、介護ヘルパー育成の講師を務めたり、全国ノーリフティング推進協会の学会に同僚とともにチームで出場して優勝をおさめるなどした。現在は不動産業に携わっている。

ナンバー1キャバ嬢
ピカイチ介護士になる

2024年9月6日　第一刷発行

著者　村上知美

装丁　草薙伸行（Planet Plan Design Works）
本文イラスト　針谷由子
編集　原田純 須藤惟

発行所　株式会社 径書房
〒150-0043 東京都渋谷区道玄坂 1-10-8-2F-C
http://site.komichi.co.jp
電話 03-6666-2971
Fax　03-6666-2972

印刷・製本 中央精版印刷株式会社

ISBN 978-4-7705-0241-4

径書房の本

認知症を予防する 1日遅れの日記帳【常用版】

今日から始めよう、いきいき脳活ダイアリー

米山公啓　監修

昨日のことを思い出して日記を書く……そんな誰でも始められる、認知症予防習慣をサポートする日記帳。昨日がハッキリ思い出せると、普段の会話も、いきいき、溌剌としてきます。

定価 900円＋税　ISBN 978-4-7705-0224-7

病める人には安らぎを 健やかなる人には幸せを

未来へつなぐ医療・文化・故郷の記憶

五十嵐勝朗　著

さくらんぼの里、山形県寒河江から届くのは、あらゆるものに向けられる深く優しい眼差し。少年時代・ふるさと・健康・医療・歴史文化まで、生きる〈喜び〉と〈知恵〉に満ちあふれた随筆集。

定価 1800円＋税　ISBN 978-4-7705-0242-1